DAS LEXIKON DER GEISTESBLITZE

DAS LEXIKON

DER

GEISTESBLITZE

DIE WITZIGSTEN
GEDANKEN ALLER ZEITEN
IN EINEM BAND

Herausgegeben von Johannes Thiele

ABEND Das Übel mit den Männern ist, dass sie sich am Morgen um zehn Jahre jünger fühlen und am Abend um zwanzig Jahre älter.
— CARMEN ORTIZ

ABENTEUER Ein richtiger Abenteurer steigt nicht auf Berge, er klettert über den Zaun des Nachbarn.
— GILBERT KEITH CHESTERTON

Abenteuer! Die Leute reden davon, als sei es etwas Erstrebenswertes, doch in Wirklichkeit ist es ein Synonym für schlechtes Essen, wenig Schlaf und sonderbare Personen, die ständig versuchen, einem spitze Dinge in den Leib zu stecken.
— TERRY PRATCHETT

ABERGLAUBE Der Aberglaube ist die Poesie des Lebens.
— JOHANN WOLFGANG VON GOETHE

ABGRUND Gestern standen wir vor einem Abgrund. Heute sind wir einen großen Schritt weiter.
— UNBEKANNT

ABNEIGUNG Weniges auf dieser Welt verbindet so stark wie eine gemeinsame Abneigung gegen einen Dritten.
— RENÉ CLAIR

Hau ab und mach nie wieder meine Handtücher dreckig. — GROUCHO MARX **ABNEIGUNG**

Kluge Menschen verstehen es, den Abschied von der Jugend auf mehrere Jahrzehnte zu verteilen. — FRANÇOISE ROSAY **ABSCHIED**

Als absurd bezeichnen wir, was nicht möglich ist und trotzdem passiert; was möglich ist, aber nicht passiert, bezeichnen wir als typisch. — GABRIEL LAUB **ABSURD**

Wenn Frauen auf Abwege geraten, gehen die Männer sofort hinterher. — MAE WEST **ABWEGE**

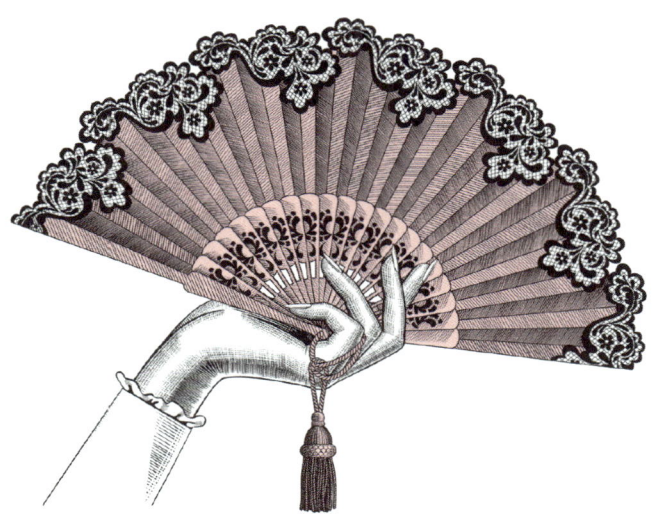

ADAM Adam ist der einzige Mensch, dem man kein Plagiat nachweisen kann. —— ALFRED ODER

ADEL Der Adel in einer Republik erinnert an ein Huhn, dem man den Hals umgedreht hat: Es rennt vielleicht noch aufgeregt durch die Gegend, ist aber in Wirklichkeit längst tot.
—— NANCY MITFORD

ÄNDERN Die meisten Frauen setzen alles daran, einen Mann zu ändern. Und wenn sie ihn geändert haben, gefällt er ihnen nicht mehr.
—— MARLENE DIETRICH

Wieso strengt eine Frau sich zehn Jahre lang an, ihren Mann zu ändern, und beklagt sich dann, dass er nicht mehr der Mann ist, den sie geheiratet hat? —— BARBRA STREISAND

AFFÄRE Es gibt im Leben einer Frau vielleicht Zeiten, in denen sie nicht verliebt ist. Aber dann sollte sie wenigstens eine Affäre haben, gegen die sie ankämpft. —— JEANNE MOREAU

ALIMENTE Wie kurz ein Monat ist, merken Sie erst, wenn Sie Alimente zahlen. —— JOHN BARRYMORE

ALKOHOL

Ich müsste lange nachdenken, ehe mir ein interessanter Mann einfiele, der nicht trinkt.
— RICHARD BURTON

Ich erinnere mich an eine Safari in Afrika: Jemand hatte den Korkenzieher vergessen, und wir mussten mehrere Tage von Essen und Wasser leben. — W. C. FIELDS

Ich habe dem Alkohol mehr zu verdanken als der Alkohol mir. — WINSTON CHURCHILL

Alkohol ist keine Antwort, aber man vergisst beim Trinken die Frage.
— HENRY MONTHERLANT

Alkohol bewahrt alles, bis auf Würde und Geheimnisse.
— ROBERT LEMBKE

Noch ein Glas mehr, und ich hätte unter dem Gastgeber gelegen.
— DOROTHY PARKER

ALKOHOL Ich bin nicht so bedenken, wie du trunkst.
— JOHN COLLINGS SQUIRE

ALKOHOLIKER Alkoholiker haben allen Grund, auf ihre Gesundheit zu trinken.
— WOLFRAM WEIDNER

ALLEIN Einfach mit mir allein in einem Raum zu sein ist so aufregend, dass ich's kaum aushalte.
— KATE BRAVERMAN

Allein: In schlechter Gesellschaft.
— AMBROSE BIERCE

ALLEINSTEHEND **Einer der Vorteile des Alleinlebens ist, dass man nicht in den Armen eines Geliebten aufwachen muss.**
— MARION SMITH

Alleinstehende Frauen haben eine furchtbare Neigung, arm zu sein – was ein überzeugendes Argument fürs Heiraten ist.
— JANE AUSTEN

ALLES Leute, die glauben, alles zu wissen, sind sehr sauer auf die, die wirklich alles wissen.
— UNBEKANNT

Allüren sind nur etwas für die Unfertigen.
— AUDREY HEPBURN

ALLÜREN

Das Geheimnis, wie man jung bleibt, ist anständig zu leben, langsam zu essen und in Bezug aufs Alter zu lügen. — LUCILLE BALL

ALTER

Jetzt im Alter habe ich überhaupt keine Geduld mehr mit alten Menschen.
— EMILY CARR

Du weißt, dass du alt geworden bist, wenn du beim Schuhezubinden innehältst und dich fragst, was du noch so erledigen kannst, während du dort unten bist. — GEORGE BURNS

Die junge Generation hat auch heute noch Respekt vor dem Alter. Allerdings nur beim Wein, beim Whisky und bei Möbeln.
— TRUMAN CAPOTE

Männer sind so alt, wie sie sich fühlen, Frauen so jung, wie sie aussehen.
— BARBARA CARTLAND

ALTER

Wer mit siebzig eine reizvolle alte Dame sein möchte, muss als siebzehnjähriges Mädchen damit anfangen. — AGATHA CHRISTIE

Jung sein ist schön; alt sein ist bequem. — MARIE VON EBNER-ESCHENBACH

Je älter man wird, desto mehr ähnelt die Geburtstagstorte einem Fackelzug. — AUDREY HEPBURN

Vierzig ist für die Jugend das Alter und fünfzig für das Alter die Jugend. — VICTOR HUGO

Wenn das Alter anfängt, dein Leben und deine Beweglichkeit einzuschränken, hört der Spaß allmählich auf. — MICK JAGGER

Alt ist man dann, wenn man an der Vergangenheit mehr Freude hat als an der Zukunft. — JOHN KNITTEL

Ein Mann ist nur so alt wie die Frau, die er fühlt. — GROUCHO MARX

ALTER

Der Vorteil des Alters ist der, dass man die Dinge nicht mehr begehrt, die man sich früher nicht leisten konnte. — WALTER MATTHAU

Das Alter ist, als ob man mit dem Flugzeug in einen Sturm gerät. Einmal an Bord, kann man nichts mehr daran ändern. — GOLDA MEIR

Ich war immer der Meinung, dass eine Frau das Recht hat, die Welt über ihr Alter im Unklaren zu lassen, zumindest bis sie die Neunzig erreicht hat. Dann sollte sie sich und anderen gegenüber lieber ehrlich sein.

— HELENA RUBINSTEIN

Jeder will lange leben, aber keiner will alt sein. — JONATHAN SWIFT

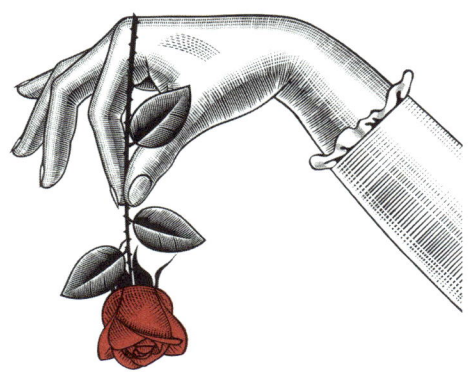

ALTER

Frauen fürchten nicht das Alter. Sie fürchten nur die Meinung der Männer über alte Frauen.

— JEANNE MOREAU

Eine fortschrittliche Frau fortgeschrittenen Alters kann keine Macht der Welt im Zaume halten. — DOROTHY L. SAYERS

Was heißt schon für uns Frauen, mit Anstand alt zu werden? Lieber unanständig jung bleiben! — OLGA TSCHECHOWA

Die Alten glauben alles, die Menschen im mittleren Alter misstrauen allem, die Jungen wissen alles. — OSCAR WILDE

Je älter man wird, um so mehr gefallen einem Unzüchtigkeiten. — VIRGINIA WOOLF

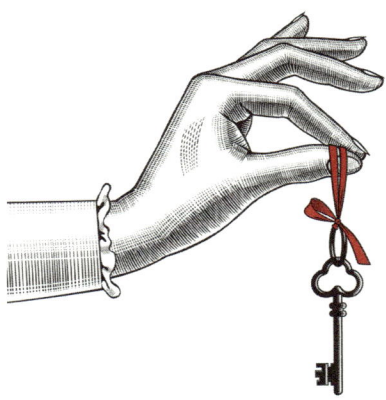

AMERIKA

Keine Kritik an den Amerikanern! Sie besitzen den besten Geschmack, den man mit Geld kaufen kann.
— MILES KINGTON

England und Amerika sind zwei Länder, geteilt durch eine gemeinsame Sprache.
— GEORGE BERNARD SHAW

Der hundertprozentige Amerikaner ist ein neunzigprozentiger Idiot.
— GEORGE BERNARD SHAW

Amerika ist wie ein großer, freundlicher Hund in einem kleinen Zimmer. Jedesmal wenn er mit dem Schwanz wedelt, stößt er einen Stuhl um.
— ARNOLD JOSEPH TOYNBEE

Amerika ist eine weitverzweigte Verschwörung mit dem Ziel, dich glücklich zu machen.
— JOHN UPDIKE

Amerika hat uns niemals verziehen, dass Europa ein wenig früher entdeckt worden ist.
— OSCAR WILDE

AMT

Ich hab hier bloß ein Amt und keine Meinung.
— FRIEDRICH SCHILLER

Wem Gott Verstand gibt, dem gibt er auch ein Amt. — KURT TUCHOLSKY

ANALPHABETEN Heutzutage können selbst die Analphabeten lesen und schreiben. — ALBERTO MORAVIA

ANFÄNGER Die Anfänger in der Liebe erkennt man daran, dass sie nicht aufhören können. — KIM BASINGER

ANDERS

Eigentlich bin ich ganz anders – nur komme ich viel zu selten dazu. — ÖDÖN VON HORVATH

ANERKENNUNG

Man könnte größenwahnsinnig werden: so wenig wird man anerkannt! — KARL KRAUS

ANFEINDUNG

Anfeindung ist die Steuer, die ein Mann der Öffentlichkeit dafür bezahlt, dass er bedeutend ist. — JONATHAN SWIFT

ANGESTELLTER

Der Angestellte lebt von seinem kärglichen Gehalt sowie von der durch nichts zu erschütternden Überzeugung, dass ohne ihn im Betrieb nichts gehe. — KURT TUCHOLSKY

ANGST

Todesangst ist Todesangst, auch wenn man mal leben bleibt. — THEODOR FONTANE

Die Männer hatten schon immer Angst davor, dass die Frauen ohne sie zurechtkommen könnten. — MARGARET MEAD

Das Verhältnis zur Geliebten steht unter permanentem Druck einer zweifachen Angst: dass es enden, und dass es dauern könnte. — ALFRED POLGAR

ANPASSUNG Anpassung ist die Stärke der Schwachen.
— WOLFGANG HERBST

Nur tote Fische schwimmen mit dem Strom.
— SPRICHWORT

ANSCHEIN **Nichts ist so gut, wie es zunächst den Anschein hat.** — GEORGE ELIOT

ANSTAND Auch ein anständiger Mensch kann, vorausgesetzt, dass es nie herauskommt, sich heutzutage einen geachteten Namen schaffen.
— KARL KRAUS

Die Männer sind nicht immer, was sie scheinen, allerdings selten etwas besseres.
— QUEEN VICTORIA

Je mehr ein Mensch sich schämt, desto anständiger ist er. — GEORGE BERNARD SHAW

ANTISEMITISMUS Aus dem Antisemitismus kann erst etwas Richtiges werden, wenn ihn ein Jude in die Hand nimmt. — RODA RODA

ANTWORT

Es gibt keine Antwort. Es wird keine Antwort geben. Es hat nie eine Antwort gegeben. Das ist die Antwort. — GERTRUDE STEIN

ANWALT

Ich glaube, dass Anwälte auch mal Kinder waren. — CHARLES LAMB

ANZIEHEN

Frauen ziehen sich an, um Männern zu gefallen und Frauen zu ärgern. — GABRIELLE SIDONIE COLETTE

Für Frauen ziehe ich mich an, für Männer aus. — ANGIE DICKINSON

Eine richtige Frau wirkt voll bekleidet auf einen Mann anziehender als ein nacktes Weib. — ROMY SCHNEIDER

APHORISMUS

Mancher Aphorismus ist das Großmaul eines frühzeitig verstorbenen großen Gedankens. — HERMANN BAHR

Ein guter Aphorismus ist die Weisheit eines ganzen Romans in einem einzigen Satz. — THEODOR FONTANE

APHORISMUS   Aphorismen sind Randbemerkungen, die es zu etwas gebracht haben. — WOLFRAM WEIDNER

APHORISTIKER   Ein Aphoristiker ist ein Mensch, der sich wie ein Kind freut, weil es ihm gelungen ist, sich etwas auszudenken, was wahrscheinlich schon bei den alten Phöniziern ein uraltes Sprichwort war. — WIESLAW BRUDZINSKI

APHRODISIAKUM   Das beste Aphrodisiakum für Frauen sind Worte. Der G-Punkt liegt in den Ohren. Jemand, der da unten danach sucht, verschwendet seine Zeit. — ISABEL ALLENDE

Alles, was ein Schriftsteller tun muss, ist eine Frau dazu bringen, zu sagen, er sei ein Schriftsteller. Das ist ein Aphrodisiakum. — SAUL BELLOW

APPLAUS   Die Leute auf den billigeren Plätzen klatschen bitte in die Hände. Der Rest braucht nur mit den Juwelen zu rasseln. — JOHN LENNON

APOTHEKER   Die Apotheker bemühen sich, ihr kaufmännisches Interesse durch ihre wissenschaftliche Vorbildung zu verdecken. — SIGMUND GRAFF

Wenn Arbeit adelt, dann bleibe ich lieber bürgerlich. — PAUL FLORA

ARBEIT

Wahre Klasse bedeutet, über Arbeit niemals auch nur sprechen zu müssen.
— ERICA JONG

Die Angst vor Langeweile ist die einzige Entschuldigung für Arbeit. — JULES RENARD

Durch Arbeit wirst du eher bucklig als reich.
— GREGOR VON REZZORI

Arbeit ist der Feind der trinkenden Klasse.
— GEORGE BERNARD SHAW

Wenn du immer deine acht Stunden arbeitest, wirst du vielleicht einmal der Boss und arbeitest zwölf Stunden täglich.
— ROBERT TROST

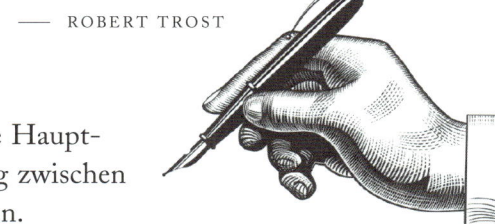

Arbeit ist die Hauptbeschäftigung zwischen zwei Urlauben.
— GERHARD UHLENBRUCK

ARCHITEKTUR   Jeder Städtebewohner weiß, dass die Architektur, im Gegensatz zur Poesie, eine terroristische Kunst ist. — HANS MAGNUS ENZENSBERGER

ARGUMENT   Schlechte Argumente bekämpft man am besten, indem man ihre Darlegung nicht stört. — ALEC GUINNESS

ARMUT   Nicht alles ist ein Zeugnis der Armut, manches ist auch ein Armutszeugnis. — ARMIN MÜLLER-STAHL

ARZT   Die Ärzte sind noch dümmer als die Schriftsteller, was nicht wenig heißen will. — GUSTAVE FLAUBERT

Der einzige Mann, der wirklich nicht ohne Frauen leben kann, ist der Frauenarzt.
— ARTHUR SCHOPENHAUER

26

ARZT

Ärzte und Pflasterer bedecken ihren Pfusch mit Erde. — UNBEKANNT

Wenn ein Arzt hinter dem Sarg seines Patienten geht, so folgt manchmal tatsächlich die Ursache der Wirkung. — ROBERT KOCH

ASKET

Asketen sind Menschen, die begriffen haben, dass eine völlige Enthaltsamkeit meist leichter ist als eine vernünftige Mäßigung. — ANDRÉ GIDE

Der Asket macht aus der Tugend eine Not. — FRIEDRICH NIETZSCHE

ATHEISMUS

Ich dank es dem lieben Gott tausendmal, dass er mich zum Atheisten hat werden lassen. — GEORG CHRISTOPH LICHTENBERG

Verzweiflung ist der einzige echte Atheismus. — JEAN PAUL

ATOMKRAFTWERK

Atomkraftwerke sind der intelligente Versuch, Kriege durch Massenselbstmorde zu ersetzen. — WERNER SCHNEYDER

AUFHEBEN Warum heben die Leute das alles auf? Sie heben es gar nicht auf. Sie können nur nicht übers Herz bringen, es wegzuwerfen.
— KURT TUCHOLSKY

AUFKLÄRUNG Sexuelle Aufklärung ist jenes hartherzige Verfahren, wodurch es der Jugend aus hygienischen Gründen versagt wird, ihre Neugierde selbst zu befriedigen. — KARL KRAUS

AUFRICHTIGKEIT Aufrichtigkeit ist die Zuflucht derer, die weder Phantasie noch Taktgefühl haben.
— HENRY DE MONTHERLANT

AUGEN Wenn es darauf ankommt, in den Augen einer Frau zu lesen, sind die meisten Männer Analphabeten. — HEIDELINDE WEIS

AUGENZEUGE Nichts versaut eine gute Geschichte so sehr, wie die Ankunft eines Augenzeugen.
— MARK TWAIN

AUSDAUER Ausdauer: eine bescheidene Tugend, die der Mittelmäßigkeit zu unrühmlichem Erfolg verhilft. — AMBROSE BIERCE

AUSDRÜCKE

Tausend Ausdrücke hat der Araber für ein Schwert, der Franzose für die Liebe, der Engländer für das Hängen, der Deutsche für das Trinken, und der Münchner sogar für die Orte, wo er trinkt. — HEINRICH HEINE

AUSGEHEN

Wann immer ich mit einem Typ ausgehe, frage ich mich: Ist das der Mann, von dem ich möchte, dass meine Kinder ihre Wochenenden mit ihm verbringen? — RITA RUDNER

AUSNAHME

Es ist traurig, eine Ausnahme zu sein. Aber noch trauriger ist es, keine zu sein. — PETER ALTENBERG

Ich vergesse nie ein Gesicht. Aber in Ihrem Fall will ich eine Ausnahme machen. — GROUCHO MARX

AUSRUFEZEICHEN

Verzichte auf jedes Ausrufezeichen. Ein Ausrufezeichen ist, als ob du über deinen eigenen Witz lachst. — F. SCOTT FITZGERALD

AUSSEHEN

Das Aussehen hat sie vom Vater – er ist Schönheitschirurg. — GROUCHO MARX

AUSSTEIGER Der Aussteiger baut seine Zelte ab, um sie in der Nähe von Luftschlössern wieder aufzubauen.
— GERHARD UHLENBRUCK

AUSZIEHEN Nichts ist trauriger als eine Frau, die sich aus anderen Gründen auszieht als für die Liebe.
— JULIETTE GRÉCO

Es kommt nicht darauf an, was eine Frau anzieht, sondern wie sie es auszieht.
— LIBBY JONES

AUTO Radfahrer erreichen die größte Geschwindigkeit, wenn ein Auto vor ihnen ist; Fußgänger erreichen die größte Geschwindigkeit, wenn ein Auto hinter ihnen ist.
— ROBERTO BENIGNI

Im Auto kann bei Gewitter nichts passieren? Von wegen! Meine Freundin hat das geglaubt. Jetzt ist sie schwanger!
— ANKE ENGELKE

Die erotische Bedeutsamkeit des Automobils wird offenbar, wenn man darauf achtet, wie viele große und elegante Wagen von hässlichen Leuten gefahren werden.
— SIGMUND GRAFF

Wie ein Mann Auto fährt, so möchte er sein.
— ANNA MAGNANI

AUTO

Ein Auto ist an und für sich schon ein Delikt.
— WERNER SCHNEYDER

Eine Autobiographie ist eine Todesanzeige in Fortsetzungen, bei der der letzte Teil fehlt.
— QUENTIN CRISP

AUTOBIOGRAPHIE

Eine Autobiographie muss so sein, dass man sich selbst wegen Verleumdung verklagen kann.
— THOMAS HOVING

Durch eine Autobiographie verliert man gewöhnlich den Rest seiner Freunde.
— ROBERT NEUMANN

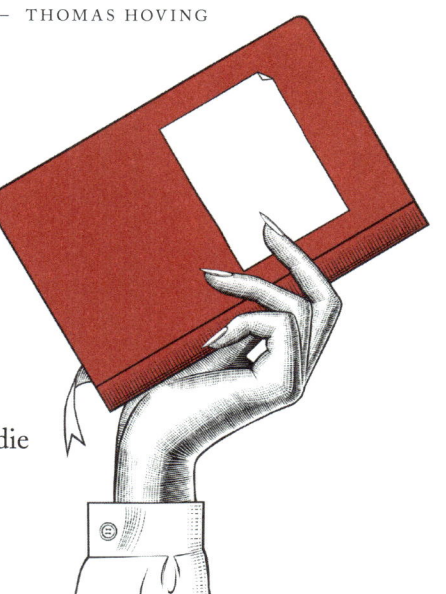

Eine Autobiographie, die nichts Schlechtes über den Autor sagt, kann nicht gut sein.
— GEORGE ORWELL

AUTOBIOGRAPHIE Ich habe mir mit meiner Autobiographie viel mehr Mühe gegeben als mit meinen Ehen. Von einem Buch kann man sich nicht scheiden lassen. — GLORIA SWANSON

AUTOR In Amerika ist nur der erfolgreiche Autor wichtig, in Frankreich ist jeder Autor wichtig, in England ist kein Autor wichtig, und in Australien musst du erklären, was ein Autor ist. — GEOFFREY COTTERELL

Nicht jeder Autor, der sich verkauft, ist ein Bestseller-Autor. — GABRIEL LAUB

AUTORITÄR Die Kinder sind heute autoritärer als die Eltern. — AXEL HACKE

AVANTGARDIST Avantgardisten sind Leute, die ihre Irrtümer hundert Jahre früher als alle anderen begehen. — LIV KORTINA

BABY

Ein hässliches Baby ist ein widerliches Ding, und selbst das hübscheste ist schrecklich, wenn es ausgezogen ist. —— QUEEN VICTORIA

Ein Baby hat keine Manieren, kennt keine Rücksichtnahme und kein Verantwortungsgefühl. Es wächst nur – das ist seine ganze Leistung. —— LIBBY PURVES

Es gibt diese schreckliche Vorstellung, die bei Jean-Jacques Rousseau ihren Anfang nahm und heute noch in Universitätshörsälen sehr geschätzt wird, nach der der Mensch von Natur aus gut ist ... Jeder, der schon mal einem Baby begegnet ist, weiß, dass das Blödsinn ist. —— P. J. O'ROURKE

Das Baby war so hässlich, dass man ihm ein Kotelett um den Hals hängen musste, damit wenigstens der Hund mit ihm spielte. —— UNBEKANNT

Es gibt eine einzige Zeit, in der es Frauen wirklich gelingt, einen Mann zu ändern: wenn er ein Baby ist. —— NATALIE WOOD

BAD

Wahrscheinlich gibt es eine Menge Dinge, die nicht mit einem heißen Bad zu kurieren sind. Aber ich kenne nicht viele davon.
— SYLVIA PLATH

BADEANZUG

Der Chic eines Badeanzuges besteht darin, dass er wie ein Sonnenbrand sitzt.
— ESTHER WILLIAMS

BANALITÄT

Alles ist bereits entdeckt, nur in der Gegend der Banalität gibt es noch Neuland.
— STANISLAW JERZY LEC

BANK

Was ist eine Bank zu berauben verglichen damit, eine Bank zu gründen?
— BERTOLT BRECHT

Eine Bank ist der Ort, wo sie einem Geld leihen, wenn du beweisen kannst, dass du keines brauchst.
— BOB HOPE

Eine Bank ist eine Einrichtung, von der Sie sich Geld leihen können – vorausgesetzt, Sie können nachweisen, dass Sie es nicht brauchen.
— MARK TWAIN

BANK Bank: Institut, das mit fremdem Geld reich wird. — MICHAEL SCHIFF

BANKETT Als Bankett bezeichnet man eine Veranstaltung, bei der man isst, was einem nicht schmeckt, bevor man zu Leuten, die einen nicht interessieren, über Dinge spricht, von denen man keine Ahnung hat. — UNBEKANNT

BANKIER **Ein Bankier ist ein Mensch, der seinen Schirm verleiht, wenn die Sonne scheint, und der ihn sofort zurückhaben will, wenn es zu regnen beginnt.** — MARK TWAIN

BAROMETER Dass das Barometer öfters fällt, wenn es heiß wird, daran sind die Wolken ebensowenig Ursache wie an manchen Orten die Jahrmärkte, dass es regnet. — GEORG CHRISTOPH LICHTENBERG

BAYERN Die Engländer sind die Römer der Neuzeit. Die Franzosen sind die Chinesen des Westens. Die Japaner sind die Engländer des Ostens. Die Belgier sind die Polen des Westens. Nur was die Bayern eigentlich für ein Volksstamm sind – das hat noch kein Mensch herausbekommen. — KURT TUCHOLSKY

Die Bayern sind die letzten fußkranken Italiener, die nicht über die Alpen gekommen sind.

— HANS JÜRGEN DIEDRICH

BAYERN

Ein bayerischer Kellner gilt schon als freundlich, wenn er nicht handgreiflich wird.

— CHRISTIAN ÜBERSCHALL

In manchen Postämtern werden Beamte schneller befördert als Briefe. — UNBEKANNT

BEAMTER

Das Ideal eines höheren Angestellten ist, so viel zu verwalten und so wenig zu tun zu haben, dass er schon beinahe einem Beamten gleicht.

— KURT TUCHOLSKY

Der Mann, dem verwehrt ist, wichtige Entscheidungen zu treffen, beginnt die Entscheidungen als wichtig anzusehen, die er überhaupt treffen darf. — CYRIL NORTHCOTE PARKINSON

BEERDIGUNG Um einem so richtig Appetit aufs Mittagessen zu machen, gibt es nichts besseres als eine Beerdigung am Morgen. — ARTHUR MARSHALL

Ich weigerte mich, zu seiner Beerdigung zu gehen, schrieb jedoch einen wirklich netten Brief, in dem ich sie billigte. — MARK TWAIN

BEFRIEDIGUNG Befriedigung ist ein Hochgefühl, das eine Frau empfindet, wenn ihre eigenen Kleider der besten Freundin zu eng geworden sind. — ANKE ENGELKE

BEINE Ich verstehe nicht, warum die Männer so hinter hochbeinigen Frauen her sind. Je längere Beine eine Frau hat, umso schwieriger ist es, sie einzuholen. — EDITH PIAF

BEISCHLAF Schließ die Augen und denk an England! — QUEEN VICTORIA

BEISPIEL Es gibt nur wenig Dinge, denen man schlechter standhalten kann als einem guten Beispiel. — MARK TWAIN

Ich missbillige Duelle entschieden. Wenn ein Mann mich beleidigen sollte, würde ich ihn nett und versöhnlich bei der Hand nehmen, ihn an einen ruhigen Ort führen – und ihn dort umbringen. — MARK TWAIN

BELEIDIGUNG

Ein Kluger bemerkt alles, ein Dummer macht über alles seine Bemerkungen.
— HEINRICH HEINE

BEMERKUNG

Sobald ein Mann anfängt, sich lächerlich zu benehmen, weiß man, er meint es ernst.
— GABRIELLE SIDONIE COLETTE

BENEHMEN

Mir ist aufgefallen, dass Leute, die zu spät kommen, meist wesentlich besserer Laune sind als die, die auf sie gewartet haben. — E. V. LUCAS

BENEHMEN Gutes Benehmen ist eine Mischung aus Klugheit, Erziehung, Geschmack und Stil, die so gestaltet ist, dass man nichts davon im einzelnen benötigt. — P. J. O'ROURKE

BERATER Ein Berater ist jemand, der dir die Armbanduhr wegnimmt, um dir zu sagen, wie spät es ist. — ROY KINNEAR

BEREDSAMKEIT Beredsamkeit ist Logik in Flammen. — LYMAN BEECHER

BERÜHMTHEIT Berühmtheit: der Vorzug, von jenen gekannt zu werden, die einen nicht – persönlich – kennen. — NICOLAS CHAMFORT

Es dürfte kaum einen Schriftsteller geben, der in so kurzer Zeit so unberühmt geworden ist wie dieser X. — KARL KRAUS

BERUF Wenn man sieht, was für Männer geheiratet werden, erkennt man die instinktive Abneigung der Frauen gegen das Berufsleben. — HELEN ROWLAND

Man kann auch mit seinem Beruf glücklich verheiratet sein. — GERHARD UHLENBRUCK **BERUF**

Wenn ein Frauenkenner sich verliebt, so gleicht er dem Arzt, der sich am Krankenbett infiziert. Berufsrisiko. — KARL KRAUS **BERUFSRISIKO**

Bescheidenheit ist eine Tugend, die man vor allem an anderen schätzt. — FRANÇOIS LA ROCHEFOUCAULD **BESCHEIDEN**

Die falsche Bescheidenheit ist die dezenteste von allen Lügen. — NICOLAS CHAMFORT

Ich habe mir oft gewünscht, ich hätte Zeit, bescheiden zu sein. Aber ich bin zu sehr damit beschäftigt, über mich selbst nachzudenken. — EDITH SITWELL

Wenn ich gut bin, bin ich sehr gut! Aber wenn ich böse bin, bin ich noch besser! — MAE WEST **BESSER**

Bestseller sind die Makulatur der nächsten Generation. — NORMAN MAILER **BESTSELLER**

BETRÜGEN Eine Sache, die es wert ist, dass man sie besitzt, ist es auch wert, dass man dafür betrügt.
— W. C. FIELDS

Die Welt will betrogen werden. Also los.
— XAVIERA HOLLANDER

BETRUNKEN Ich brauche nur einen Drink, um betrunken zu werden. Das Problem ist, dass ich mich nicht erinnere, ob es der 13. oder der 14. Drink ist.
— GEORGE BURNS

BETT Wer das Bett bloß aufsucht, weil er müde ist, verdient keines. — GERTRAUD VON LÜTZAU

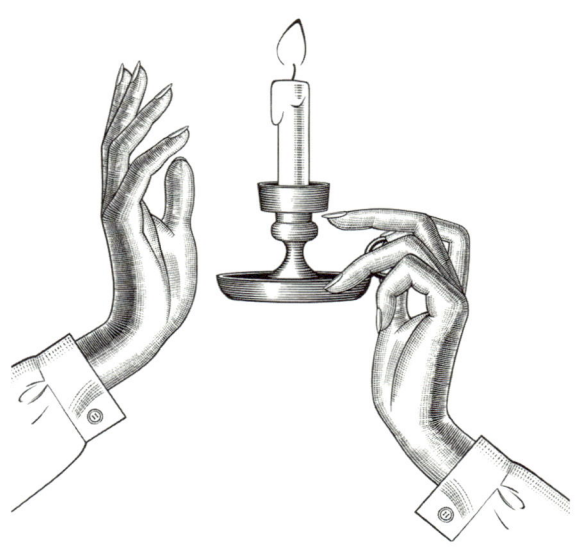

BETT

Ganz gleich, wie groß, weich oder warm dein Bett ist, du musst doch irgendwann raus.
— GRACE SLICK

BEWEGUNG

Bewegung sollte nie als Aktivität missverstanden werden.
— ERNEST HEMINGWAY

BEWUNDERN

Auch wenn sie die Schwäche an Männern mehr lieben, haben Frauen gelernt, die Stärke der Männer zu bewundern. — SHIRLEY MACLAINE

Die Frauen mögen gelernt haben, die Stärke der Männer zu bewundern. Die Stärke anderer Frauen dagegen bleibt ihnen verdächtig.
— ALICE SCHWARZER

BEZIEHUNG

Eine Beziehung ist das, was sich zwischen zwei Menschen abspielt, während sie darauf warten, dass sie was Besseres finden.
— HÉLÈNE CAMPION

Ich brauche keinen Mann, um meine Existenz aufzuwerten. Die intensivste Beziehung, die wir je haben können, ist die mit uns selbst.
— SHIRLEY MACLAINE

BEZIEHUNG Für mich ist die leichteste Beziehung die zu zehntausend Menschen. Die schwierigste ist die zu einem Menschen. — JOAN BAEZ

BIBEL **Ein wunderbares Buch, aber es stehen ein paar sehr seltsame Sachen drin.** — KÖNIG GEORGE V.

So mancher wackelnder Tisch wird durch eine Bibel gestützt. — KAROL IRZYKOWSKI

Letzte Nacht las ich im Buch Hiob. Ich habe nicht den Eindruck, dass Gott da gut wegkommt. — VIRGINIA WOOLF

BIGAMIST Ein Bigamist hat zur Strafe zwei Frauen. — FRITZ DE CRIGNIS

BIGAMIE Bigamie heißt, dass man eine Frau zuviel hat. Monogamie auch. — GABRIELE WOHMANN

BILDUNG Bildung ist etwas, was man ganz ohne Beeinträchtigung durch den Schulunterricht erwerben muss. — MARK TWAIN

So ein bisschen Bildung ziert den ganzen Menschen. — HEINRICH HEINE

BILDUNG

Bildungshunger und Wissensdurst sind keine Dickmacher.
— LOTHAR SCHMIDT

Bildung ist das, was übrigbleibt, wenn der letzte Dollar weg ist. — MARK TWAIN

Die Biographie eines Menschen sollte von einem scharfsinnigen Feind verfasst werden.
— ARTHUR JAMES BALFOUR

BIOGRAPHIE

Wenn Sie eine Biographie lesen, denken Sie daran, dass sich die Wahrheit nicht publizieren lässt. — GEORGE BERNARD SHAW

In der Liebe ist für einen Mann die blonde Praxis hübscher als die graue Theorie.
— RALPH BOLLER

BLOND

BLOND Es ist auch möglich, dass Blondinen Gentlemen bevorzugen. —— MAMIE VAN DOREN

BOURGEOISIE Die Bourgeoisie stirbt, aber sie ergibt sich nicht. —— ERWIN CHARGAFF

BRAUT Braut: Frau mit besten Aussichten auf vergangenes Glück. —— AMBROSE BIERCE

Bei der Brautwerbung ist der Mann so lange hinter der Frau her, bis sie ihn erwischt. —— JACQUES TATI

BRÜLLEN Brüllt ein Mann, ist er dynamisch. Brüllt eine Frau, ist sie hysterisch. —— HILDEGARD KNEF

BRÜSTE Ich erinnere mich noch gut: Als ich meinen Busen bekam, war es plötzlich ein Heidenspaß, spazierenzugehen. —— SOPHIA LOREN

Wer in einem blühenden Frauenkörper das Skelett zu sehen vermag, ist ein Philosoph. Brüste sind hübscher. —— KURT TUCHOLSKY

BUCH

Wir neigen immer dazu, ein dickes Buch zu sehr zu loben, weil wir es gelesen haben.
— EDWARD MORGAN FORSTER

Verleihe niemals Bücher, denn niemand gibt sie zurück. Ich habe nur solche Bücher in meiner Bibliothek, die andere Leute mir geliehen haben.
— ANATOLE FRANCE

Bücherschreiben ist das einzige Verbrechen, bei dem sich der Täter bemüht, Spuren zu hinterlassen.
— GABRIEL LAUB

Dass man auf der High-School unbeliebt war, ist noch längst kein Grund, Bücher zu veröffentlichen.
— FRAN LEBOWITZ

Ich schreibe Dinge auf Zettel und stopfe die in meine Tasche. Wenn ich genug davon habe, ist es ein Buch.
— JOHN LENNON

BUCH **Ein sicheres Zeichen von einem guten Buch ist, wenn es einem immer besser gefällt, je älter man wird.**
— GEORG CHRISTOPH LICHTENBERG

Bücher sind nur dickere Briefe an Freunde; Briefe sind nur dünnere Bücher für die Welt.
— JEAN PAUL

Wenn man ein Buch nicht immer und immer wieder zu seiner Freude lesen kann, hat es keinen Wert, es überhaupt zu lesen.
— OSCAR WILDE

Lies niemals ein Buch, das nicht ein Jahr alt ist.
— RALPH WALDO EMERSON

BUCHHÄNDLER Dem Buchhändler gefallen keine Bücher, die bei ihm bleiben. — JEAN PAUL

BÜHNE Die Welt ist eine Bühne, aber das Stück ist schlecht besetzt. — OSCAR WILDE

BÜRGERLICH Lieber lächerlich als bürgerlich.
— GOTTFRIED BENN

Hätte ein Bürokrat die Welt erschaffen, wir wären noch bei der Sintflut. — JERZY JURANDOT

BÜROKRAT

Die Zeit, welche die Technik erspart, kostet der Bürokrat, der sie organisiert.
— LUDWIG MARCUSE

Die Beharrlichkeit von Bürokraten bei einer Sache verhält sich umgekehrt proportional zur Bedeutsamkeit dieser Sache.
— BERNARD LEVIN

BÜROKRATIE

Warum sind die Zehn Gebote so einfach, kurz und klar und für jedermann verständlich abgefasst? Weil sie ohne eine Kommission aufgestellt wurden. — CHARLES DE GAULLE

BÜROKRATIE Die Bürokratie ist ein gigantischer Mechanismus, der von Zwergen bedient wird.

— HONORÉ DE BALZAC

Die Bürokratie ist ein Kreis, aus dem niemand herausspringen kann.

— KARL MARX

Dass man mit dem Dienst nach Vorschrift die Vorschriften lächerlich machen kann, ist eine herrliche Pointe der Bürokratie.

— CYRIL NORTHCOTE PARKINSON

BÜSTENHALTER Früher brauchte man nur ein Taschentuch fallen zu lassen, und schon stürzten die Männer herbei. Heute könnte man einen Büstenhalter verlieren, und keiner rührt einen Finger.

— HELEN VITA

CHARAKTER Charakter: die Unfähigkeit, anders zu sein.
— RON KRITZFELD

Ein guter Charakter kann zuweilen den Erfolg im Leben außerordentlich behindern.
— GEORGE BERNARD SHAW

CHARME

Charme ist Charakter, der sich von seiner schönsten Seite zeigt.
LOTHAR SCHMIDT

CHARME

Charme und Perfektion vertragen sich schlecht miteinander. Charme setzt kleine Fehler voraus, die man verdecken möchte.
— CATHÉRINE DENEUVE

CHEF

Ich denke immer, je größer der Schreibtisch, desto kleiner der Mann.
— ANN FORD

CHRIST

Wer glaubt, ein Christ zu sein, weil er die Kirche besucht, irrt sich. Man wird ja auch kein Auto, wenn man in einer Garage steht.
— ALBERT SCHWEITZER

COMPUTER

Das Unsympathische an den Computern ist, dass sie nur ja oder nein sagen können, aber nicht vielleicht.
— BRIGITTE BARDOT

Der Computer wurde zur Lösung von Problemen erfunden, die es früher nicht gab.
— BILL GATES

Der Computer ist die logische Fortentwicklung des Menschen. Intelligenz ohne Moral.
— JOHN OSBORNE

DAME — Eine Dame ist eine Frau, die niemals absichtlich ihre Unterwäsche zeigt. — LILLIAN DAY

Hin und wieder verspüre ich den Drang, eine Dame zu sein, aber das hält nie lange an. Ich bin eine moderne, intelligente, unabhängige Frau. Mit anderen Worten: eine, die nie einen abkriegt. — SHELLEY WINTERS

DANKBARKEIT — Statt zu klagen, dass wir nicht alles haben, was wir wollen, sollten wir lieber dankbar sein, dass wir nicht alles bekommen, was wir verdienen. — DIETER HILDEBRANDT

DDR — Niemand will die DDR wiederhaben. Aber keiner will sie sich nehmen lassen. — PETER SODANN

DEKOLLETÉ — Ein Dekolleté ist jener schmale Grat, auf dem der gute Geschmack balanciert, ohne herunterzufallen. — COCO CHANEL

Die einzige Art von Tiefe, die Männer bei einer Frau schätzen, ist die ihres Dekolletés. — ZSA ZSA GABOR

Demagogen sind Leute, die in den Wind sprechen, den sie selbst gemacht haben. **DEMAGOGE**
— HELMUT QUALTINGER

Dementis sind die Entschuldigungen der Reuelosen. — NIKOLAS CYBINSKI **DEMENTI**

Ein Dementi ist nach den Spielregeln der hohen Politik ein halbes Eingeständnis einer ganzen Dummheit. — SAINT-JOHN PERSE

Demokratie – ein bei Wahlen immer wieder auftauchender Begriff. — GERD WALLSCHON **DEMOKRATIE**

DEMOKRATIE

Demokratie ist der immer wiederkehrende Verdacht, dass mehr als die Hälfte der Menschen mehr als die Hälfte der Zeit recht haben.

— ELWYN BROOKS WHITE

Demokratie bedeutet Regierung durch die Ungebildeten, Aristokratie Regierung durch die schlecht Gebildeten.

— GILBERT KEITH CHESTERTON

Man sagt, die Demokratie sei die schlimmste Regierungsform, ausgenommen jene, die auch schon ausprobiert worden sind.

— WINSTON CHURCHILL

Demokratie: Keiner macht sich Gedanken. Und jeder darf sagen, was er will.

— WERNER MITSCH

DEMONSTRATION

Ein Mann demonstrierte für eine bessere Zukunft und übersah am Straßenrand die Frau seines Lebens.

— WERNER SCHNEYDER

DENKEN

Wenn zwei Menschen immer dasselbe denken, ist einer von ihnen überflüssig.

— WINSTON CHURCHILL

Das Denken ist zwar allen Menschen erlaubt, aber vielen bleibt es erspart.
— CURT GOETZ

DENKEN

Viele Menschen denken, sie dächten bereits, wenn sie lediglich ihre Vorurteile neu ordnen.
— WILLIAM JAMES

Mancher wird nur deshalb kein Denker, weil sein Gedächtnis zu gut ist.
— FRIEDRICH NIETZSCHE

Wir lieben die Menschen, die frisch heraus sagen, was sie denken – falls sie das gleiche denken wie wir.
— MARK TWAIN

Wer nicht auf seine Weise denkt, denkt überhaupt nicht.
— OSCAR WILDE

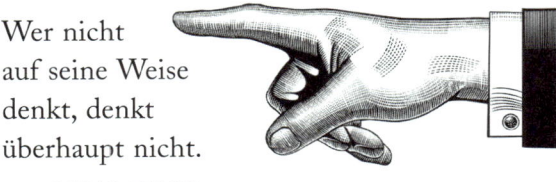

Wenn Frauen deprimiert sind, dann essen sie oder gehen einkaufen. Männer hingegen fallen in ein fremdes Land ein. Es ist eine ganz andere Art zu denken.
— ELAYNE BOOSLER

DEPRESSION

DESSOUS

Ich bin gegen praktische Unterwäsche. Ein Dessous muss nicht praktisch sein, sondern reizvoll.
— CATHÉRINE DENEUVE

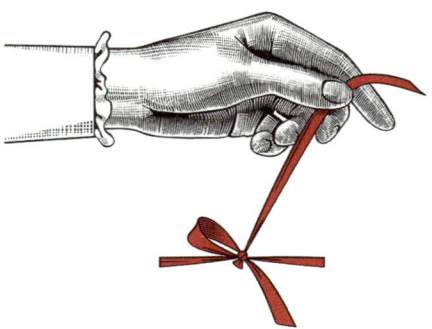

Es kommt gewiss nicht bloß auf das Äußere einer Frau an. Auch die Dessous sind wichtig.
— KARL KRAUS

DEUTSCHE

Ein anständiger Deutscher liebt Probleme mehr als Lösungen.
— JOHANNES GROSS

Ein Deutscher ist ein Mensch, der keine Lüge aussprechen kann, ohne sie selbst zu glauben.
— THEODOR W. ADORNO

Selbst im Fall einer Revolution würden die Deutschen sich nur Steuerfreiheit, nie Gedankenfreiheit zu erkämpfen suchen.
— FRIEDRICH HEBBEL

Der Deutsche erlebt keine Zeit so gern als die Bedenkzeit. —— JEAN PAUL

DEUTSCHE

Deutsche verwechseln leicht Freiheitsspielräume mit Gesetzeslücken. —— MANFRED ROMMEL

Vernünftige Sachen muss man den Deutschen immer dreimal sagen. —— JÜRGEN SCHELLER

Ein eigentümlicher Fehler der Deutschen ist, dass sie, was vor ihren Füßen liegt, in den Wolken suchen. —— ARTHUR SCHOPENHAUER

Die Deutschen wollen die Welt verbessern. Die Österreicher begnügen sich damit, sie mies zu machen. —— ERNST STANKOVSKI

Nie geraten die Deutschen so außer sich, wie wenn sie zu sich kommen wollen.
—— KURT TUCHOLSKY

Die Deutschen sind sicherlich das einzige Volk auf Erden, das ein schlechtes Gewissen mehr genießt als eine schöne Frau. —— PETER ZADEK

DEUTSCHLAND   Deutschland ist ein Land, das sich um seine Täter sorgt. —— RALPH GIORDANO

Teilen macht in Deutschland keinen Spaß. —— GREGOR GYSI

Deutschland ist das Epizentrum der Humorlosigkeit. —— ANDRÉ HELLER

In Deutschland bilden zwei einen Verein. Stirbt der eine, so erhebt sich der andere zum Zeichen der Trauer von seinem Platz. —— KARL KRAUS

Sagt, ist noch ein Land außer Deutschland, wo man die Nase eher rümpfen lernt als sie zu putzen? —— GEORG CHRISTOPH LICHTENBERG

In Deutschland kann es keine Revolution geben, denn dazu müsste man den Rasen betreten. —— JOSEPH W. STALIN

DIÄT   Die richtige Diät leitet sexuelle Energie in die Körperteile, die von Bedeutung sind. —— BARBARA CARTLAND

Ich würde keinen Personal Trainer engagieren. Aber ich würde jemanden dafür bezahlen, dass er mir das Essen aus der Hand schlägt.

— BILL MURRAY

DIÄT

Eine der verbreitetsten Krankheiten ist die Diagnose. — KARL KRAUS

DIAGNOSE

Du bist nicht dick, du lebst im falschen Land.

DENISE WALKER

DICK

Der Zeigefinger der Diktaturen ist der Daumen. — GERD W. HEYSE

DIKTATUR

DIKTATUR

Wehe den Diktatoren, die glauben, sie seien keine. — STANISLAW JERZY LEC

Diktaturen bieten Sicherheit in Zuchthäusern. — HANS-HORST SKUPY

DIPLOMATIE

Hauptmerkmal eines Diplomaten ist seine Fähigkeit, so nein zu sagen, dass es wie ja klingt! — LESTER BOWLES PEARSON

Diplomatie ist Krieg mit friedlichen Mitteln. — WERNER MITSCH

Wir sind Diplomaten. Das heißt: Wenn wir sagen, was wir denken, haben wir uns versprochen. — HENRY MORTON ROBINSON

Diplomatie ist die Kunst, mit hundert Worten zu verschweigen, was man mit einem einzigen Wort sagen könnte. — SAINT-JOHN PERSE

Diplomaten kennen zehn Sprachen, um in jeder das nicht zu sagen, was sie denken. — ELEONORE VAN DER STRATEN-STERNBERG

Ein Diplomat ist heutzutage nur ein Oberkellner, der sich gelegentlich mal hinsetzen darf.
— PETER USTINOV

DIPLOMATIE

Diskretion ist Wahrheit gezügelt durch Weisheit. — STEFAN HEYM

DISKRETION

Alles, was nur einen Dollar kostet, ist es nicht wert, dass man es besitzt.
— ELIZABETH ARDEN

DOLLAR

Mit dreißig ist man gerade alt genug, um zu wissen, was man tut. Und noch jung genug, um es trotzdem zu tun. — BRIGITTE BARDOT

DREISSIG

Für eine Frau wird das Leben verdrießlich, wenn man ihr keine Dummheit mehr zutraut.
— GABRIELLE SIDONIE COLETTE

DUMMHEIT

DUMMHEIT

Grausamkeit empört, Dummheit entmutigt.
— ALBERT CAMUS

Die Schönheit brauchen wir Frauen, damit die Männer uns lieben, die Dummheit, damit wir die Männer lieben.
— COCO CHANEL

Alberne Leute sagen Dummheiten, gescheite Leute machen sie.
— MARIE VON EBNER-ESCHENBACH

Dumme Gedanken hat jeder, nur der Weise verschweigt sie.
WILHELM BUSCH

Die Dummheiten wechseln, aber die Dummheit bleibt. — ERICH KÄSTNER

DUMMHEIT

Um ein tadelloses Mitglied einer Schafherde sein zu können, muss man vor allem ein Schaf sein. — ALBERT EINSTEIN

Gegen eine Dummheit, die gerade in Mode ist, kommt keine Klugheit auf. — THEODOR FONTANE

Wenn Millionen Menschen etwas Dummes sagen, bleibt es trotzdem eine Dummheit. — ANATOLE FRANCE

Mit der Dummheit lässt man sich nicht ein, ohne zu mogeln. — ANDRÉ GLUCKSMANN

Die Leute sind auch dumm! In der Schule lernen sie Plutimikation, aber sich was Lustiges ausdenken, das können sie nicht! — PIPPI LANGSTRUMPF

Ernsthaftigkeit ist Dämlichkeit, die auf dem College war. — P. J. O'ROURKE

DUNKELHEIT Ob Sonnenschein, ob Sternenfunkel, im Tunnel bleibt es immer dunkel. —— ERICH KÄSTNER

DURCHSCHNITT Ein Durchschnittsmann ist mehr an einer Frau interessiert, die an ihm interessiert ist, als an einer Frau – irgendeiner Frau – mit schönen Beinen. —— MARLENE DIETRICH

Frauen wollen durchschnittliche Männer haben, und die Männer tun alles, um so durchschnittlich wie möglich zu sein. —— MARGARET MEAD

EGOIST   Person minderen Geschmacks; mehr an sich interessiert als an mir. — AMBROSE BIERCE

Das Gute an Egoisten ist, dass sie nicht über andere Leute reden. — LUCILLE S. HARPER

EHE   Meinen härtesten Fight hatte ich mit meiner ersten Frau. — MUHAMMAD ALI

Ich bin sehr altmodisch. Ich glaube, dass Menschen für ein ganzes Leben heiraten sollten, so wie Tauben und Katholiken. — WOODY ALLEN

Die Ehe ist der Versuch, zu zweit mit den Problemen fertig zu werden, die man alleine nie gehabt hätte. — WOODY ALLEN

Die meisten Männer würden ihre bessere Hälfte gerne gegen zwei jüngere Viertel eintauschen. — ALAN AYCKBOURN

Ich habe nie geglaubt, dass eine Ehe eine dauerhafte Institution ist. Ich dachte, fünf Jahre lang verheiratet zu sein, bedeutet ewig.

— LAUREN BACALL

In der Ehe muss man einen unaufhörlichen Kampf gegen ein Ungeheuer führen, das alles verschlingt: die Gewohnheit.

— HONORÉ DE BALZAC

EHE

Ehen werden im Himmel geschlossen und in der Hölle gelebt.

MARIA CALLAS

Die Ehe verlangt von zwei Menschen die größtmögliche Beherrschung der Kunst der Unaufrichtigkeit.

— VICKI BAUM

Die Ehe ist eine Institution zur Lähmung des Geschlechtstriebs.

— GOTTFRIED BENN

EHE

Die Ehe funktioniert am besten, wenn beide Partner ein bisschen unverheiratet bleiben.
— CLAUDIA CARDINALE

Es strapaziert die Nerven, jeden Tag zu demselben menschlichen Wesen liebenswert zu sein.
— BENJAMIN DISRAELI

Zur Ehe gehört schon ein bisschen mehr als Liebe.
— FAYE DUNAWAY

Die Ehe ist eine Einrichtung zur Erzeugung gemeinsamer Gewohnheiten.
— TILLA DURIEUX

Von weitem sieht eine Ehe außerordentlich einfach aus.
— HANS FALLADA

Eine Ehe ist die Summe zweier Einsamkeiten, gebrochen durch Langeweile.

— TILLA DURIEUX

EHE

Wer stärker liebt, ist in der Ehe immer der Schwächere. — ELEONORA DUSE

Die Ehe ist ein Zustand, in dem es zwei Leute weder mit noch ohne einander längere Zeit aushalten können.

— MARIE VON EBNER-ESCHENBACH

Ich wäre lieber eine Bettlerin und allein, als eine Königin und verheiratet. Der Ehering wäre für mich ein Joch. — QUEEN ELIZABETH I.

Die Verheirateten müssen ewig zusammenleben, um für die Dummheit bestraft zu werden, einander geheiratet zu haben.

— GUSTAVE FLAUBERT

Das Geheimnis einer glücklichen Ehe liegt darin, dass man einander verzeiht, sich gegenseitig geheiratet zu haben. — SASCHA GUITRY

EHE

Heute ist eine Ehe schon glücklich, wenn man dreimal die Scheidung verschiebt.
— DANNY KAYE

Die Ehe ist wie der Strich in der Druckerei zugleich Trenn- und Bindezeichen.
— JEAN PAUL

Immer wenn Ehen besonders glücklich sind, liegt es meist ein bisschen mehr an der Frau als an dem Mann. — URSULA VON KARDORFF

Gott hat mich, obwohl ich ganz andere Gedanken hatte, unversehens mit Katharina von Bora, jener Klosterjungfrau, wunderbar in den Ehestand getrieben. — MARTIN LUTHER

Das Einfangen eines Bräutigams ist in Italien immer noch ein Kommando-Unternehmen, an dem sich die ganze Familie beteiligt.
— MARCELLO MASTROIANNI

Ein Mann kann während einer Ehe zwei oder vielleicht drei Liebesaffären haben. Danach beginnt der Betrug. — YVES MONTAND

EHE

Die Ehe ist gut für Frauen. Deshalb sollten nur Frauen heiraten. — EPHRAIM KISHON

Das große Geheimnis einer glücklichen Ehe ist, alle Fehler vor der Hochzeit zu zeigen und die liebenswerten Eigenschaften erst nach der Heirat zu entfalten. — LISELOTTE PULVER

Man sollte niemals allzu genau wissen, wen man geheiratet hat. — FRIEDRICH NIETZSCHE

Die Ehe ist das beste aller Übel. — DALIAH LAVI

Die Ehe ist eine Mesalliance.
KARL KRAUS

EHE

Um mit einem Mann glücklich zu sein, muss man sehr viel Verständnis für ihn aufbringen und ihn außerdem ein wenig gernhaben.

— HELEN ROWLAND

Die Ehe ist ein Souvenir der Liebe.

— HELEN ROWLAND

Viele, von denen man glaubt, sie seien gestorben, sind bloß verheiratet.

— FRANÇOISE SAGAN

Was Glück ist, weiß man erst, wenn man geheiratet hat. Und dann ist es zu spät.

— PETER SELLERS

Es gibt nichts Schöneres auf der Welt als die Liebe einer verheirateten Frau. Leider lernen die verheirateten Männer sie niemals kennen.

— GEORGE BERNARD SHAW

Im ersten Ehejahr strebt der Mann die Vorherrschaft an. Im zweiten kämpft er um die Gleichberechtigung. Im dritten ringt er um die nackte Existenz.

— GEORGE BERNARD SHAW

Es ist Sache der Frauen, so früh wie möglich zu heiraten, und Sache der Männer, so lange wie möglich Junggeselle zu bleiben.

EHE

— GEORGE BERNARD SHAW

Die Ehe ist eine sehr gute Institution, aber ich bin nicht reif für eine Institution.

— MAE WEST

Jede Erfahrung ist wertvoll, und was man auch gegen die Ehe sagen mag, eine Erfahrung ist sie bestimmt. — OSCAR WILDE

Ehe: gegenseitige Freiheitsberaubung im beiderseitigen Einvernehmen. — OSCAR WILDE

EHE Ich könnte mit ihr verheiratet sein, so verdammt gleichgültig behandelt sie mich.
— OSCAR WILDE

Zur glücklichen Ehe gehören meist mehr als zwei Personen. — OSCAR WILDE

Das beste am Eheleben sind die Kämpfe. Der Rest ist so la la. — THORNTON WILDER

EHEBRUCH

Eins dieser Telegramme von M. de Guermantes, das den Satz enthielt: »Bin verhindert, Lüge folgt.«

MARCEL PROUST

EHEBRUCH

Es ist gefährlich, aufrichtig zu sein, wenn man nicht gleichzeitig auch dumm ist.
— GEORGE BERNARD SHAW

EHEFRAU

Die erste Aufgabe einer jungen Ehefrau besteht darin, die Freunde ihres Mannes in die Flucht zu kochen.
— MICHELINE PRESLE

Eine liebende Ehefrau wird alles für ihren Mann tun, außer aufzuhören, ihn zu kritisieren und ihn besser machen zu wollen.
— JOHN BOYNTON PRIESTLEY

Mit einer guten Ehefrau geht es wie mit einer vermeintlich verlegten Brille: Man hat sie dauernd vor Augen, aber man merkt es nicht.
— VICTORIA SAUNDERS

Jeder Mann braucht fünf Ehefrauen: einen Filmstar, ein Dienstmädchen, eine Köchin, eine Zuhörerin und eine Krankenschwester.
— MARK TWAIN

EHEMANN

Der ideale Ehemann ist nichts als ein unbestätigtes Gerücht.
— BRIGITTE BARDOT

EHEMANN

Es ist lächerlich anzunehmen, man könne sein ganzes Leben mit einem einzigen Menschen verbringen. Drei sind ungefähr die richtige Anzahl. Ja, ich stelle mir vor, drei Ehemänner wären angemessen. — CLARE BOOTH LUCE

Ehemänner sind wie Kaminfeuer. Sobald sie unbeobachtet sind, gehen sie aus.
— ZSA ZSA GABOR

Die Unterschiede zwischen Ehemännern sind so gering, dass man genausogut den ersten behalten kann. — ADELA ROGERS ST. JOHN

EHEMANN

Ein Ehemann ist das, was von dem Liebhaber übriggeblieben ist, nachdem ihm alle Lebensenergie genommen wurde.

— HELEN ROWLAND

Vor der Heirat erklärt ein Mann, er würde dir sein Leben zu Füßen legen; nach der Heirat legt er nicht einmal seine Zeitung weg, um mit dir zu reden.

— HELEN ROWLAND

Wenn der Ehemann nicht schlecht ist, so ist er komisch, und wenn er nicht einmal komisch ist, so ist er langweilig.

— THEODOR FONTANE

Das Glück des verheirateten Mannes besteht in den vielen Frauen, die er nicht geheiratet hat.

— OSCAR WILDE

Ein Ehemann ist Rohstoff, kein Fertigprodukt.

— GRETHE WEISER

EHEPAAR

Ein verheiratetes Paar ist fein raus, wenn beide zur selben Zeit Lust zum Streiten haben.

— JEAN ROSTAND

EHEPAAR Es gibt genügend Ehepaare, die sich vielleicht sogar lieben würden, wenn sie einander bloß ertragen könnten. — GEORGE BERNARD SHAW

EHRGEIZ Frauen, die so gut sein wollen wie Männer, haben einfach keinen Ehrgeiz. — UNBEKANNT

Ehrgeiz ist die letzte Zuflucht des Versagers. — OSCAR WILDE

EIFERSUCHT Wo keine Eifersucht, da ist auch keine Liebe. — AURELIUS AUGUSTINUS

Eine Frau ist erledigt, wenn sie Angst vor ihrer Rivalin hat. — MADAME DUBARRY

EIFERSUCHT

Schon dass man eifersüchtig ist, ist Grund genug, es zu sein. — ANTON KUH

Eifersucht ist nicht der Gradmesser für die Größe der Liebe. An ihr lässt sich lediglich die Unsicherheit des Liebenden ablesen. — MARGARET MEAD

Eifersucht ist nur dann ein Vergnügen, wenn man sie erregt. — GLORIA WYNNE

EIGENHEIM

Mit einem Eigenheim hat schon manch einer seine Zukunft verbaut. — WERNER MITSCH

EIGENLIEBE

Eigenliebe ist der Beginn einer lebenslangen Romanze. — OSCAR WILDE

EINBILDUNG

Einbildung heißt die Bildung der dummen Leute. — CHARLOTTE SEEMANN

Einbildungskraft ist das, was manchen Politiker glauben macht, er sei ein Staatsmann. — ROBERTA TENNES

EINLADUNG Man ärgert sich, wenn man nicht zu einer Party eingeladen wird, die man ohnehin nicht besucht hätte. Das Fernbleiben ist dann nur halb so schön. — LISELOTTE PULVER

Nichts nehmen die Leute so übel, als wenn sie keine Einladung bekommen.

— OSCAR WILDE

EINSAMKEIT Die Einsamkeit wäre ein idealer Zustand, wenn man sich die Menschen aussuchen könnte, die man meidet. — KARL KRAUS

Einsamkeit: die Belästigung durch sich selbst.

— WERNER SCHNEYDER

EIS Früher war das beste Schmerzmittel Eis; es machte nicht abhängig und war besonders effektiv, wenn man Whiskey drüberschüttete.

— GEORGE BURNS

Das Eis macht Flüsse im Winter begehbar und Whiskey im Sommer trinkbar.

— WERNER MITSCH

EITELKEIT

Die unheimlichste aller Erfindungen ist der Spiegel. Woher nehmen die Menschen bloß den Mut, da hineinzuschauen? — BRENDAN BEHAN

Es ist anatomisch schwierig und immer ein wenig lächerlich, sich gratulierend auf die eigene Schulter zu schlagen. — EDWARD HEATH

Eitelkeit ist nur tragisch, wenn man nichts hat, worauf man eitel sein kann. — PETER USTINOV

Eitelkeit ist die Haut der Seele.

FRIEDRICH NIETZSCHE

EITELKEIT Eitelkeit gepaart mit Selbstironie ist akzeptabel. — GIANNI VERSACE

ELEGANZ Eleganz ist Verweigerung. — COCO CHANEL

ELTERN Als ich entführt wurde, ergriffen meine Eltern sofort Maßnahmen: Sie vermieteten mein Zimmer. — WOODY ALLEN

Ein Nachteil der Elternschaft ist, dass die Kinder eines Tags alt genug sind, dir Geschenke zu überbringen, die sie in der Schule gebastelt haben. — ROBERT BYRNE

Die erste Hälfte unseres Lebens ruinieren unsere Eltern, die zweite unsere Kinder. — CLARENCE DARROW

Es gibt leider nicht sehr viele Eltern, deren Umgang für ihre Kinder wirklich ein Segen ist. — MARIE VON EBNER-ESCHENBACH

Es ist notwendig, Kinder vor ihren Eltern zu schützen. — GEORGE BERNARD SHAW

Es gibt kein problematisches Kind. Es gibt nur problematische Eltern.
— ALEXANDER SUTHERLAND NEILL

ELTERN

Ängstliche Eltern sind Väter und Mütter, die nicht geben können – keine Liebe, keine Achtung, kein Vertrauen.
— ALEXANDER SUTHERLAND NEILL

Ich würde lieber auf einem Sofa liegen, als darunter aufzuwischen. — SHIRLEY CONRAN

Eine wirklich emanzipierte Frau braucht ihre Emanzipation nicht zu plakatieren. Sie ist für sie so selbstverständlich wie Pulsschlag und Atemluft. — GIULETTA MASINA

EMANZIPATION

Manche von uns emanzipierten Frauen nehmen die Gewohnheiten der Männer an, die sie gern geheiratet hätten. — GLORIA STEINEM

EMANZIPATION   Eine emanzipierte Frau ist eine, die Sex vor der Ehe und danach einen Beruf hat.

— GLORIA STEINEM

ENGLAND   In England gibt es sechzig verschiedene Religionen, aber nur eine Sauce.

— FRANCESCO CARACCIOLO

Entgegen einer weitverbreiteten Auffassung tragen Engländerinnen keine Nachthemden aus Tweed. — HERMINE GINGOLD

Das größte Geheimnis der Engländer ist, warum sie nicht auswandern.

— EPHRAIM KISHON

Wenn ein Engländer von einem Lastwagen überrollt wird, entschuldigt er sich bei ihm.

— JACKIE MASON

Auch wenn ein Engländer allein ist, stellt er sich sofort in einer ordentlichen Reihe an.

— GEORGE MIKES

Wir Engländer müssen zugeben, dass wir Sex im Kopf haben, das ist aber ein sehr unbefriedigender Ort für Sex. **ENGLAND**

— MALCOLM MUGGERIDGE

Enthaltsamkeit ist das Vergnügen an Sachen, welche wir nicht kriegen. **ENTHALTSAMKEIT** — WILHELM BUSCH

Aber ein so besonderes Vergnügen ist die Enthaltung vom Weibe auch nicht, das muss ich schon sagen! — KARL KRAUS

Wer gut ist im Ausdenken von Entschuldigungen, ist selten für sonst etwas gut. **ENTSCHULDIGUNG**

— BENJAMIN FRANKLIN

Es ist ein gutes Lebensprinzip, sich nie zu entschuldigen. Die richtigen Leute erwarten keine Entschuldigungen, und die falschen ziehen unangenehme Vorteile daraus.

— PELHAM GRENVILLE WODEHOUSE

Entwicklungshilfe nimmt das Geld der Armen in den reichen Ländern und gibt es den Reichen in den armen Ländern. **ENTWICKLUNGS-HILFE**

— ACHMED MOHAMED SALEH

ERFAHRUNG

Für Erfahrungen muss man teuer bezahlen, und trotzdem will niemand sie haben, wenn man sie verschenken will. — LUDWIG BÖRNE

Es gehört Erfahrung dazu, wie eine Anfängerin zu küssen. — ZSA ZSA GABOR

Wir lernen aus Erfahrung, dass die Menschen nichts aus Erfahrung lernen. — GEORGE BERNHARD SHAW

Erfahrung heißt gar nichts. Man kann seine Sache auch 35 Jahre schlecht machen. — KURT TUCHOLSKY

Erfahrung ist der Name, den jeder seinen Irrtümern gibt. — OSCAR WILDE

ERFOLG

Wenn mein Film einen einzigen Menschen unglücklich macht, habe ich das Gefühl, ich habe mein Ziel erreicht. — WOODY ALLEN

Erfolg besteht darin, dass man genau die Fähigkeiten hat, die im Moment gefragt sind. — HENRY FORD

Eine Frau, die geliebt wird, hat immer Erfolg.
— VICKI BAUM

ERFOLG

Der Erfolg hat mich nicht verdorben. Ich war schon immer unerträglich. — FRAN LEBOWITZ

Hinter jeder Frau, die erfolgreich werden könnte, steht mindestens eine Frau, die sie am Erfolg zu hindern versucht.
— LORE LORENTZ

Erfolg ist nur halb so schön, wenn es niemanden gibt, der einen beneidet. — NORMAN MAILER

Erfolg muss man langsam löffeln, sonst verschluckt man sich an ihm. — ERIKA PLUHAR

ERFOLG　Warum müssen wir alle nackt sein, um Erfolg zu haben? — JULIA ROBERTS

Das Geheimnis meines Erfolges bei Frauen ist einfach: Ich habe die Frauen geliebt. Und die Frauen lieben es, geliebt zu werden. — ARTHUR RUBINSTEIN

Erfolg verändert Männer nicht. Er entlarvt sie. — SUZANNE NECKER

ERINNERN　Frauen sind erstaunt, was Männer alles vergessen. Männer sind erstaunt, woran Frauen sich erinnern. — PETER BAMM

Wer sich gern erinnert, lebt zweimal. — FRANCA MAGNANI

ERKENNEN　Wer A sagt, muss nicht B sagen. Er kann auch erkennen, dass A falsch war. — BERTOLT BRECHT

ERLEBEN　Frauen erleben, wo Männer bloß davon sprechen. — LIN YUTANG

EROBERUNG

Die Männer versäumen mehr Eroberungen durch eigene Ungeschicklichkeit als durch die Tugend der Frauen. — NINON DE LENCLOS

Die Männer würden Frauen leichter erobern, wenn sie nicht so stolz darauf wären. — VIRNA LISI

Mein Mann ist Deutscher; jeden Abend verkleide ich mich als Polin und er erobert mich. — BETTE MIDLER

Die Weltgeschichte ist voll von Eroberern, die vor Frauen kapituliert haben. — ISA MIRANDA

Männer, die sich auf ihre Eroberungen etwas einbilden, ahnen in den seltensten Fällen, wie oft sie selbst erobert worden sind. — JEANNE MOREAU

EROTIK

Alles in der Liebe, was nicht mit Fortpflanzung zu tun hat, ist erotisch. — LO DUCA

Das erotische Vergnügen ist ein Hindernisrennen. — KARL KRAUS

EROTIK

Keine Frau bemüht sich um Erotik, solange sich die Männer ausreichend darum kümmern.

— FRANÇOISE SAGAN

ERREGUNG

Wenn ich erregt bin, gibt es nur ein Mittel, mich völlig zu beruhigen: Essen.

— OSCAR WILDE

ERSTE LIEBE

Erste Liebe nennt man ein Versprechen, das andere halten werden. — SENTA BERGER

Die erste Liebe ist selten mehr als ein Appetitanreger, obwohl man sie anfangs für eine Hauptmahlzeit hält. — MICHÈLE MORGAN

ERWACHSENE

Erwachsenwerden heißt, alleine zu schlottern.

— MIREILLE BEST

Erwachsene sind Kinder mit Schulden.

— UNBEKANNT

ERWARTUNG

Jede Frau erwartet von einem Mann, dass er hält, was sie sich von ihm verspricht.

— CHARIKLIA BAXEVANOS

ERZIEHUNG

Wenn eine Frau mit den Kindern nicht fertig wird, fängt sie an, den Mann zu erziehen – irgendein Erfolgserlebnis braucht ja schließlich jeder. — STELLA BING

Die einzigen Leute, die offenbar nichts mit der Erziehung von Kindern zu tun haben, sind die Eltern.
— GILBERT KEITH CHESTERTON

Eltern verzeihen ihren Kindern die Fehler am schwersten, die sie ihnen selbst anerzogen haben. — MARIE VON EBNER-ESCHENBACH

Kinder schauen mehr darauf, was die Eltern tun, als was sie sagen. — MARIE VON EBNER-ESCHENBACH

Wahrscheinlich ist Erziehung Quatsch – sie führt zu nichts oder allenfalls zum Gegenteil dessen, was man will. — AXEL HACKE

Erziehung ist der Versuch, Kinder davon abzuhalten, die Erwachsenen nachzuahmen. — ROBERT LEMBKE

ERZIEHUNG

Man kann in Kinder nichts hineinprügeln, aber vieles herausstreicheln. — ASTRID LINDGREN

Die beste Erziehung ist die Erziehung zum Widerspruch. — MICHEL PICCOLI

Bevor ich heiratete, hatte ich sechs Theorien über die Erziehung von Kindern. Jetzt habe ich sechs Kinder und keine einzige Theorie mehr. — JOHN WILLIAM ROCHESTER

Wer kann, handelt. Wer nicht kann, unterrichtet. — GEORGE BERNARD SHAW

Predigen macht auf Kinder keinen Eindruck. — ALEXANDER SUTHERLAND NEILL

Erziehung ist organisierte Verteidigung der Erwachsenen gegen die Jugend. — MARK TWAIN

ESSEN

Bitte erinnern Sie sich daran, dass die, welche ein ordentliches Omelette zubereiten können, nichts anderes können. — HILAIRE BELLOC

ESSEN

Viele Menschen haben das Essen verlernt – sie können nur noch schlucken. — PAUL BOCUSE

Der Himmel schickt uns gutes Fleisch, doch der Teufel schickt Köche. — DAVID GARRICK

Gutes Essen ist wie guter Sex – je mehr man davon bekommt, desto mehr will man davon haben. — GAIL GREENE

Essen ist ein wichtiger Bestandteil einer ausgewogenen Diät. — FRAN LEBOWITZ

Heut mach' ich mir kein Abendbrot, heut mach' ich mir Gedanken. — WOLFGANG NEUSS

Botticelli ist kein Wein, du Trottel! Botticelli ist ein Käse. — PUNCH

Nach einem guten Essen könnte man jedem vergeben, selbst seinen eigenen Verwandten. — OSCAR WILDE

EUROPA Europa ist wie eine Wohngemeinschaft: Jeder greift in die Haushaltskasse und keiner trägt den Müll runter. — MATTHIAS BELTZ

Zwischenstaatlich organisiert sind in Europa nur das Verbrechen und der Kapitalismus.
— KURT TUCHOLSKY

EXPERTE Ein Experte ist ein Mann, der hinterher genau sagen kann, warum seine Prognose nicht gestimmt hat. — WINSTON CHURCHILL

Ein Experte ist ein Mann, der genau weiß, wie alles kommen wird, und der hinterher genau sagen kann, warum alles ganz anders gekommen ist. — JACK LEMMON

EXZENTRISCH Zuviel des Guten kann wundervoll sein.
— MAE WEST

FACHMANN   Lass dir von keinem Fachmann imponieren, der dir erzählt: »Lieber Freund, das mache ich schon seit zwanzig Jahren so!« – Man kann eine Sache auch zwanzig Jahre lang falsch machen.
— KURT TUCHOLSKY

FÄLSCHUNG

Die Fälschung unterscheidet sich vom Original dadurch, dass sie echter aussieht.
ERNST BLOCH

FALSCH   Wenn du etwas so machst, wie du es seit zehn Jahren gemacht hast, dann sind die Chancen recht groß, dass du es falsch machst.
— CHARLES KETTERING

FALTEN   Der Gipfel der Ungerechtigkeit: Falten machen einen Mann attraktiver, eine Frau älter.
— JEANNE MOREAU

FAMILIE

Glück bedeutet, eine große, liebevolle, hilfsbereite, engverbundene Familie zu haben. In einer anderen Stadt. — GEORGE BURNS

Das Familienleben ist ein Eingriff in das Privatleben. — KARL KRAUS

Ich habe noch nie gehört, dass ein Mann um Rat gefragt hätte, wie er Karriere und Familie miteinander vereinbaren kann. — GLORIA STEINEM

In einer glücklichen Familie herrscht Liebe, in einer unglücklichen Spannung. — ALEXANDER SUTHERLAND NEILL

Wenn Sie versprechen, nicht alle Geschichten zu glauben, die Ihnen Ihr Kind aus der Schule erzählt, verspreche ich, nicht alles zu glauben, was es von zu Hause erzählt. — UNBEKANNT

Das Leben beginnt nicht mit dem Augenblick der Empfängnis oder dem Ereignis der Geburt. Es beginnt, wenn die Kinder ausziehen und der Hund stirbt. — JÜDISCHER WITZ

FAMILIE Das Wort »Familienbande« hat einen Beigeschmack von Wahrheit. — KARL KRAUS

FANATIKER Ein Fanatiker ist ein Mensch, der seine Ansicht nicht ändern kann und der das Thema nicht wechseln will. — WINSTON CHURCHILL

FAULHEIT Faulpelze sind Leute, die gelernt haben, gleich am Anfang aufzuhören. — HANS CLARIN

Faulheit – das ist, wenn jemand mit dem Cocktailshaker in der Hand auf das nächste Erdbeben wartet. — DANNY KAYE

Der Faulpelz hat keine Lust, dauernd zu arbeiten. Deshalb wird er schnell mit der Arbeit fertig. — GABRIEL LAUB

Am besten lässt sich die Faulheit genießen, wenn man sie mit guten Vorsätzen garniert. — GEORG THOMALLA

FEHLER Wenn ich mein Leben noch einmal leben könnte, würde ich die gleichen Fehler machen, nur früher. — TALLULAH BANKHEAD

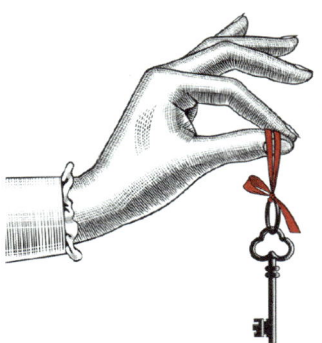

In der Liebe ist ein Fehler, den man gemeinsam macht, manchmal das einzig Richtige.
— SENTA BERGER

FEHLER

Ein kluger Mann macht nicht alle Fehler selbst. Er gibt auch anderen eine Chance.
— WINSTON CHURCHILL

Es ist ein großer Vorteil im Leben, die Fehler, aus denen man lernen kann, möglichst früh zu begehen.
— SIR WINSTON CHURCHILL

Frauen geben Fehler leichter zu als Männer. Deshalb sieht es so aus, als machten sie mehr.
— GINA LOLLOBRIGIDA

Jeder Mensch macht Fehler. Das Kunststück liegt darin, sie zu machen, wenn keiner zuschaut.
— PETER USTINOV

Ein Feigling ist ein Mensch, bei dem der Selbsterhaltungstrieb noch normal funktioniert.
— AMBROSE BIERCE

FEIGHEIT

FEIGHEIT

Der wirksamste Schutz gegen die Versuchung ist die Feigheit. — MARK TWAIN

Mut ist oft Mangel an Einsicht, während Feigheit nicht selten auf guten Informationen beruht. — PETER USTINOV

FEIND

Der Feind beginnt gefährlich zu werden, wenn er anfängt recht zu haben. — JACINTO BENAVENTE

Unterbreche niemals deinen Feind, wenn er Fehler macht. — NAPOLEON BONAPARTE

Eine gescheite Frau hat Millionen geborener Feinde – alle dummen Männer. — MARIE VON EBNER-ESCHENBACH

Liebe deinen Feind – es wird ihn wahnsinnig machen. — ELEANOR DOAN

Vergib deinen Feinden, aber vergiss nie ihre Namen. — JOHN F. KENNEDY

Ich mache mir ganz bewusst Feinde. Sie sind die pikante Würze in meinem Leben.

— ELSA MAXWELL

FEIND

Dein Feind hat endgültig über dich triumphiert, wenn du glaubst, was er über dich sagt.

— PAUL VALÉRY

Man muss seinen feministischen Grundsätzen treu bleiben. Ich würde niemals meinen Slip zusammen mit einer Männerunterhose an derselben Wäscheleine trocknen.

— DOROTHY MILLS

FEMINISMUS

Ich ärgere mich über Feministinnen, die ständig ausposaunen, Frauen seien klüger als Männer. Natürlich stimmt das, aber es sollte nicht so breitgetreten werden, sonst verdirbt es einem den ganzen Spaß.

— ANITA LOOS

FEMINISMUS

Wir sind noch nicht weit gekommen – wirklich nicht. Sonst würde man uns nicht »Baby« nennen. — ELIZABETH JANEWAY

Wann immer ich Gefühle ausdrücke, die mich von einem Fußabtreter oder einer Prostituierten unterscheiden, bezeichnen mich die Leute als Feministin. — REBECCA WEST

FERNSEHEN

Ich sitze nicht vor dem Fernseher, ich glaube, er zerstört die hohe Kunst, über sich selbst zu reden. — STEPHEN FRY

Das Fernsehen hat feste Regeln. Bei den Western gewinnen immer die Guten, bei den Nachrichten immer die Bösen. — ROBERT LEMBKE

Fernsehen ist das einzige Schlafmittel, das mit den Augen eingenommen wird. — VITTORIO DE SICA

Früher galt der Film als die niedrigste Form von Kunst. Jetzt gibt es etwas, auf das wir hinabschauen können. — BILLY WILDER

Festredner sind Leute, die im Schlaf anderer Menschen sprechen. — JERRY LEWIS

FESTREDNER

Es gibt kein unglücklicheres Wesen unter der Sonne als einen Fetischisten, der sich nach einem Frauenschuh sehnt und mit einem ganzen Weib vorliebnehmen muss. — KARL KRAUS

FETISCHISMUS

Ein Feuilleton schreiben heißt auf einer Glatze Locken drehen. — KARL KRAUS

FEUILLETON

In jeden dicken Kerl ist ein dünner eingesperrt, der heftig nach Freilassung verlangt. — CYRIL CONOLLY

FIGUR

FIGUR   Die Leute können mich schon nicht ausstehen, weil ich eine tolle Figur habe und schön bin. Dazu bin ich auch noch klug. Das scheint irgendwie zuviel des Guten zu sein.
— GABRIELLE REECE

FILM   Manche Filme verkürzen unser Leben um anderthalb Stunden. — MICHAEL M. GENIN

Was sind schon Filme – nichts als zwei Stunden lang Popcorn. — ANTHONY HOPKINS

FINANZAMT   Das Finanzamt ist eine schmerzliche Realität, die uns daran erinnert, dass der Staat keine bloße Fiktion ist. — ARTHUR MILLER

FLEISS   Fleiß ist die Wurzel aller Hässlichkeit.
— OSCAR WILDE

FLIRT   Flirt ist ein Versuch, gleichzeitig Feuer zu fangen und zu löschen. — SENTA BERGER

Flirt ist die Kunst, einer Frau in die Arme zu sinken, ohne ihr in die Hände zu fallen.
— SACHA GUITRY

Der Flirt verhält sich zur Liebe ungefähr so wie der Wetterbericht zum Wetter.
— FRANÇOISE HARDY

FLIRT

Flirt ist ein Überbrückungskredit bis zur nächsten Liebe. — JEANNE MOREAU

Die Einladung zum Flirt wird mit den Augen geschrieben.
— JEANNE MOREAU

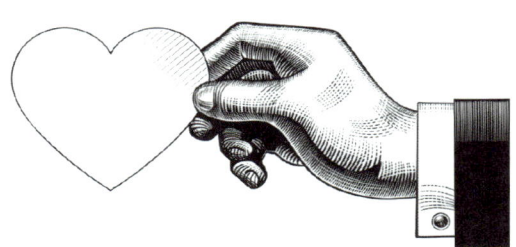

Wenn ich die Folgen geahnt hätte, wäre ich Uhrmacher geworden. — ALBERT EINSTEIN

FOLGEN

Wenn du bei einem Autor abschreibst, nennt man das Plagiat; schreibst du bei zweien ab, ist es Forschung. — WILSON MIZNER

FORSCHUNG

Man macht nur Fortschritte, wenn man nicht mehr weiterweiß. — ALBERTO GIACOMETTI

FORTSCHRITT

Der Fortschritt mag ja gut und schön sein, aber er dauert zu lange. — OGDEN NASH

FORTSCHRITT Mit Fortschritt bezeichnen gewisse Leute die Zerstörungen, die sie anrichten.
— AUREL SCHMIDT

FRAGE Die Frage ist so gut, dass ich sie nicht durch meine Antwort verderben möchte.
— WOODY ALLEN

Die meisten Fragen werden erst durch die Antwort indiskret. — FAYE DUNAWAY

Dumme Fragen stellen kann jeder. Aber auf ernst gemeinte Fragen dumme Antworten geben, dazu gehört schon ein gewisses Können.
— UNBEKANNT

FRANKREICH Wie höflich und eindeutig auch immer man einem Pariser eine Frage stellt, er wird darauf bestehen, einem auf Französisch zu antworten.
— FRAN LEBOWITZ

FRAU Frauen waren jahrhundertelang ein Vergrößerungsspiegel, der es den Männern ermöglichte, sich selbst in doppelter Lebensgröße zu sehen.
— VIRGINIA WOOLF

Die Frau ist die Rätselecke in Gottes großer **FRAU**
Weltzeitung. — MARCEL ACHARD

In neun von zehn Fällen sollte eine Frau lieber mehr Gefühle zeigen, als sie empfindet.
— JANE AUSTEN

Man wird nicht als Frau geboren, man wird erst zu einer. — SIMONE DE BEAUVOIR

Nichts reizt Frauen so sehr wie kein Widerspruch. — JEAN-PAUL BELMONDO

Kein kluger Mann widerspricht seiner Frau. Er wartet, bis sie es selbst tut.
— HUMPHREY BOGART

Ich bin eine böse Frau, aber es macht verdammt viel Spaß, mit mir zusammen zu sein.
— FANNY BRICE

Wie schlecht ein Mann auch von den Frauen denken mag, es gibt keine Frau, die ihn nicht darin übertrifft. — NICOLAS CHAMFORT

FRAU

Straßenräuber verlangen Geld oder Leben – Frauen wollen beides. — SAMUEL BUTLER

Auch die schönste Frau ist an den Füßen zu Ende. — GIACOMO CASANOVA

Wenn eine Frau nicht spricht, soll man sie um Himmels willen nicht unterbrechen.
— ENRIQUE CASTALDO

Die meisten Frauen wählen ihr Nachthemd mit mehr Verstand als ihren Mann.
— COCO CHANEL

Ein Mann kann höchstens vollständig sein, eine Frau aber vollkommen. — ELEONORA DUSE

Es ist so schwer für Frauen – sogar für anständige Frauen – zu begreifen, dass ihre Körper nicht unwiderstehlich sind.
— RAYMOND CHANDLER

Frauen sind wie Katzen: Beide kann man nur zwingen, das zu tun, was sie selber mögen.
— GABRIELLE SIDONIE COLETTE

FRAU

Es gibt keine größere Wut als die einer Ex-Frau auf der Suche nach einem neuen Liebhaber.
— CYRIL CONNOLLY

Die meisten Frauen setzen alles daran, einen Mann zu ändern, und wenn sie ihn geändert haben, mögen sie ihn nicht mehr.
— MARLENE DIETRICH

Eine gescheite Frau hat Millionen geborener Feinde – alle dummen Männer.
— MARIE VON EBNER-ESCHENBACH

Eine Frau darf nur so viel zeigen, dass seine Phantasie geweckt wird. — AUDREY HEPBURN

Man kann eine Frau nicht hoch genug überschätzen. — KARL KRAUS

Es gibt Frauen, die nicht schön sind, sondern nur so aussehen. — KARL KRAUS

Wenn Frauen unergründlich erscheinen, liegt das meistens an dem geringen Tiefgang der Männer. — KATHARINE HEPBURN

FRAU

Jeder Mann kann eine Frau dorthin bringen, wo sie ihn haben möchte. — DUSTIN HOFFMAN

Einer Frau ihren Herzenswunsch ausreden zu wollen, gleicht dem Versuch, den Niagara-Fall mit bloßen Händen zu stoppen. — BOB HOPE

Den Frauen, die so sein wollen wie die Männer, mangelt es an Ehrgeiz. — TIMOTHY LEARY

Der Widerstand einer Frau ist nicht immer Beweis ihrer Tugend. Oft ist er ein Beweis ihrer Erfahrung. — NINON DE LENCLOS

Frauen haben auch ihr Gutes. — LORIOT

Frauen, die unter sich sind, brauchen keine Männer. Das macht sie stark. Männer sind früher oder später auf Frauen angewiesen. Das macht sie schwach. — LORIOT

FRAU

Der Charakter einer Frau zeigt sich nicht, wo die Liebe beginnt, sondern wo sie endet.
— ROSA LUXEMBURG

Du weißt so lange nichts über eine Frau, bis du ihr vor Gericht begegnest. — NORMAN MAILER

Ständig wird den Frauen vorgeworfen, dass sie alle Dinge persönlich nähmen. Ich wüsste keine andere ehrliche Art, sie zu nehmen.
— MARYA MANNER

Eine Frau, die so klug ist, den Rat eines Mannes einzuholen, wird bestimmt nicht so dumm sein, ihn auch zu befolgen. — ELSA MAXWELL

Wer eine Frau beim Wort nimmt, ist ein Sadist.
— JEANNE MOREAU

Eine Frau kann jederzeit hundert Männer täuschen, aber nicht eine einzige Frau.
— MICHÈLE MORGAN

Frau: Eine raffinierte Mischung von Brandstifter und Feuerwehr. — JOHN OSBORNE

FRAU

Frauen mit Vergangenheit haben eine Vorliebe für Männer mit Zukunft. — DIANA RIGG

Ich bin lieber eine Frau als ein Mann. Frauen dürfen weinen, hübsche Kleider tragen, und sie werden als erste von einem sinkenden Schiff gerettet. — GILDA RADNER

Es ist kein Kunststück, bei einer Frau der erste oder der letzte zu sein. Trotzdem bilden sich die Männer auf beides etwas ein. — FRANÇOISE ROSAY

Alle Männer sind auf der Suche nach der idealen Frau – vor allem nach der Hochzeit. — HELEN ROWLAND

Keine Frau trägt gern ein Kleid, das eine andere abgelegt hat. Mit Männern ist sie nicht so heikel. — FRANÇOISE SAGAN

Eine Frau soll aussehen wie ein junges Mädchen, auftreten wie eine Lady, denken wie ein Mann und arbeiten wie ein Pferd. — CAROLINE K. SIMON

FRAU

Eine Frau macht niemals einen Mann zum Narren; sie sitzt bloß dabei und sieht zu, wie er sich selbst dazu macht. — FRANK SINATRA

Eine Frau ohne Mann ist wie ein Fisch ohne Fahrrad. — GLORIA STEINEM

Eine Frau tut, was der Mann will, wenn er verlangt, was sie wünscht. — ELIZABETH TAYLOR

Ich hasse Frauen, weil sie immer wissen, wo die Sachen sind, die man sucht. — JAMES THURBER

Die Frauen haben es ja von Zeit zu Zeit auch nicht leicht. Wir Männer aber müssen uns rasieren. — KURT TUCHOLSKY

Passiert einem Mann auf offener Straße ein Unfall, schaut er zuerst nach seinem Geld – die Frau zuerst in den Spiegel. — MARGARET TURNBULL

Es gibt drei Dinge, die eine Frau aus dem Nichts hervorzaubern kann: einen Hut, einen Salat und einen Ehekrach. — MARK TWAIN

FRAU

Die Frauen sind so unberechenbar, dass man sich nicht einmal auf das Gegenteil dessen verlassen kann, was sie sagen. — PETER USTINOV

Männer sind imstande, stundenlang über ein Thema zu reden – Frauen brauchen dazu gar kein Thema. — PETER USTINOV

Die Frau ist ein menschliches Wesen, das sich anzieht, schwatzt und sich wieder auszieht.
— VOLTAIRE

Frauen sind ein faszinierend eigenwilliges Geschlecht. Jede Frau ist eine Rebellin und gewöhnlich in wildem Aufruhr gegen sich selbst.
— OSCAR WILDE

Man sollte nie einer Frau trauen, die einem ihr wirkliches Alter verrät. Eine Frau, die einem das erzählt, würde einem auch alles andere erzählen. — OSCAR WILDE

Sie hatte gestern Abend zuviel Rouge und nicht ganz hinreichend Stoff an sich. Das ist bei Frauen immer ein Zeichen von Verzweiflung.
— OSCAR WILDE

Die englischen Frauen verbergen ihre Gefühle bis nach der Hochzeit, dann zeigen sie sie.

— OSCAR WILDE

FRAU

Ein Mann kann mit jeder Frau glücklich sein, solange er sie nicht liebt. — OSCAR WILDE

Nichts auf der Welt kommt der Hingabe einer verheirateten Frau gleich. Das ist etwas, wovon kein verheirateter Mann eine Ahnung hat.

— OSCAR WILDE

Wer eine gute, verständige und schöne Frau sucht, sucht nicht eine, sondern drei.

— OSCAR WILDE

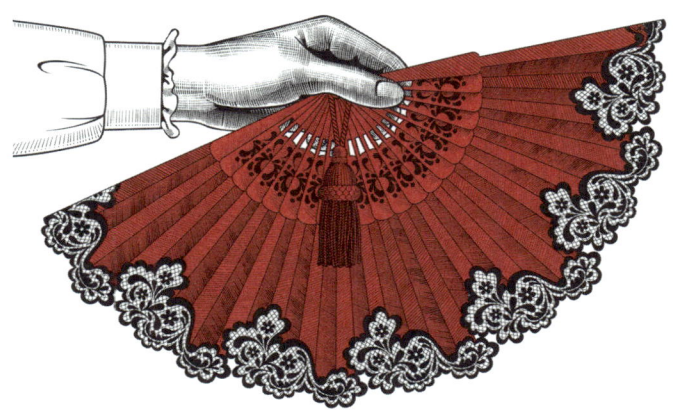

FRAU

Ich ziehe Frauen mit einer Vergangenheit vor. Man kann sich mit ihnen so verdammt gut unterhalten. — OSCAR WILDE

Frauen sind da, um geliebt, nicht um verstanden zu werden. — OSCAR WILDE

Frauen mit Vergangenheit interessieren die Männer, weil die Männer hoffen, dass sich Geschichte wiederholt. — MAE WEST

Frauen nähern sich immer den vierzig – zuerst von der einen, dann von der anderen Seite. — BILLY WILDER

Wie schlecht ein Mann auch von den Frauen denken mag, es gibt keine Frau, die ihn nicht darin übertrifft. — NICOLAS CHAMFORT

Für viele Frauen ist die Freiheit eine bessere Gefährtin als die Liebe. — LOUISE MAY ALCOTT

FRAU FÜR'S LEBEN

Alle Komplikationen entstehen dadurch, dass man der Frau seines Lebens nicht nur einmal begegnet. — MARLON BRANDO

FREIHEIT

Die glücklichsten Sklaven sind die erbittertsten Feinde der Freiheit.
— MARIE VON EBNER-ESCHENBACH

Wer die Freiheit aufgibt um Sicherheit zu gewinnen, der wird am Ende beides verlieren.
— BENJAMIN FRANKLIN

Freiheit kann man nicht simulieren.
— STANISLAW JERZY LEC

Man kann das »Lied der Freiheit« nicht auf dem Instrument der Gewalt spielen.
— STANISLAW JERZY LEC

Kein Mensch bekämpft die Freiheit; er bekämpft höchstens die Freiheit der anderen.
— KARL MARX

Mit einem Wort, wir haben eine Menge Freiheiten gehabt, aber von Freiheit keine Spur.
— JOHANN NESTROY

Kein gehorsames Kind kann je ein freier Mensch werden. — ALEXANDER SUTHERLAND NEILL

FREMDE　In der Fremde missfallen mir so viele Dinge, dass ich mich fast wie zu Hause fühle.
— GABRIEL LAUB

FREUDE　**Ist das ein Revolver da in Ihrer Hose oder freuen Sie sich nur, mich zu sehen?**
— MAE WEST

FREUNDSCHAFT　Ich traue ihm nicht. Wir sind Freunde.
— BERTOLT BRECHT

Es gibt wenig aufrichtige Freunde – die Nachfrage ist auch gering.
— MARIE VON EBNER-ESCHENBACH

Zwischen Männern und Frauen ist keine Freundschaft möglich. Da gibt es nur Leidenschaften: Feindschaft, Anbetung, Liebe – aber keine Freundschaft.
— OSCAR WILDE

Ich halte es für eine Tatsache, dass es nicht vier Freunde auf der Welt gäbe, wenn alle Menschen wüssten, was die anderen über sie sagen.
— BLAISE PASCAL

Liebe ist ein Tornado, Freundschaft ein ständig wehender Passat.

— GABRIELLE SIDONIE COLETTE

FREUNDSCHAFT

Wenn Liebe in Freundschaft übergeht, kann sie nicht sehr groß gewesen sein.

— KATHARINE HEPBURN

Hin und wieder verlieren junge Mädchen ihren besten Freund dann, wenn sie ihn heiraten.

— FRANÇOISE SAGAN

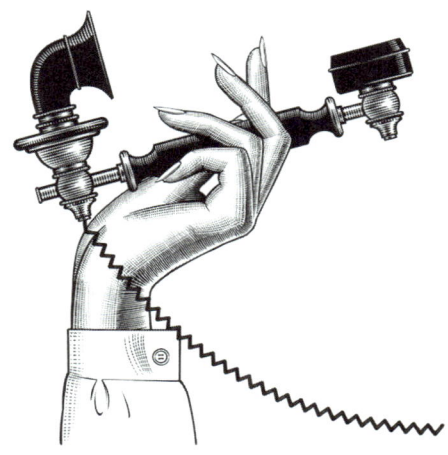

Freund und Feind müssen zusammenarbeiten, um dich wirklich tief zu verletzen: der eine verleumdet dich, der andere überbringt dir die Nachricht. — MARK TWAIN

FREUNDSCHAFT   Es gibt nur eines, das schwieriger ist, als Freunde zu gewinnen: sie dann auch wieder loszuwerden. — MARK TWAIN

Du willst einen Freund in Washington? Schaff dir einen Hund an. — HARRY S. TRUMAN

FRIEDEN   Frieden ist, wenn woanders geschossen wird. — GABRIEL LAUB

FUSSBALL   Das Schöne am Fußball: Das Runde muss ins Eckige. — MARCEL REIF

Es gibt nur etwas, das noch sinnloser ist als Fußball: Nachdenken über Fußball. — MARTIN WALSER

GÄSTE Wirke nie gescheiter als deine Gäste.
— ALFRED BIOLEK

Wer mich besucht, erweist mir eine Ehre. Wer mich nicht besucht, macht mir eine Freude.
— HENRY DE MONTHERLAND

GEBILDET Gebildet ist, wer weiß, wo er findet, was er nicht weiß.
— GEORG SIMMEL

GEBOT Die zehn Gebote sind deswegen so kurz und logisch, weil sie ohne Mitwirkung von Juristen zustande gekommen sind.
— CHARLES DE GAULLE

GEBURT **Ein Baby zu bekommen ist wie der Versuch, einen Konzertflügel durch ein Oberlicht zu bugsieren.** — ALICE ROOSEVELT LONGWORTH

Mit der Geburt beginnt der Countdown.
— HELLMUT WALTERS

Die Geburtsurkunde ist ein Gerücht, das eine Frau durch ihr Aussehen jederzeit dementieren kann.
— MARLENE DIETRICH

Was könnte man dem Menschen antun, der das Feiern von Geburtstagen erfunden hat? Bloß umbringen wäre zu wenig. —— MARK TWAIN

GEBURTSTAG

Wer ein schlechtes Gedächtnis hat, spart sich viele Gewissensbisse.
—— JOHN OSBORNE

GEDÄCHTNIS

Ein schlechtes Gedächtnis ist oft Voraussetzung für eine gute Karriere. —— ZARKO PETAN

Eine schreckliche Sache, das Gedächtnis einer Frau! —— OSCAR WILDE

Gedanken sind zollfrei. Aber man hat doch Schnerereien. —— KARL KRAUS

GEDANKEN

Gedankenlosigkeit tötet. Andere.
—— STANISLAW JERZY LEC

GEDANKEN Gedanken springen wie Flöhe von einem zum anderen, aber sie beißen nicht jeden.
— GEORGE BERNARD SHAW

GEDULD Die Männer haben keine Geduld. Deswegen haben sie ja auch den Reißverschluss erfunden.
— SENTA BERGER

Wenn ein Kellner oder eine Kellnerin »Gleich!« sagt, so ist das ein Aufruf an die menschliche Geduld, dem jeder Gast Folge leisten muss.
— JOHANN NESTROY

Geduld ist die Fähigkeit, die dann, wenn man sie am meisten braucht, erschöpft ist.
— MAC WILLIAMS

GEFALLEN Dem einen gefällt dies, dem andern das, und den ganz Feinen gefällt gar nichts.
— THEODOR FONTANE

GEFÜHL Lieber ohne Logik sein, als ohne Gefühle.
— CHARLOTTE BRONTE

Gefühl ist eine Unart, die man sich nicht abgewöhnt.
— RICHARD SCHAUKAL

Gefühl braucht Opposition. Wenn man schon aus Liebe heiratet, sollten wenigstens die Eltern dagegen sein. — HERMANN BAHR

GEFÜHL

Es gehört viel Kraft dazu, Gefühle zu zeigen, die ins Lächerliche gezogen werden können. — GERMAINE MADAME DE STAEL

Das schönste aller Geheimnisse ist es, ein Genie zu sein und es als einziger zu wissen. — MARK TWAIN

GEHEIMNIS

Wer liebt, kann nicht schweigen. Deshalb gibt es unter Liebenden keine Geheimnisse. — VIVIEN LEIGH

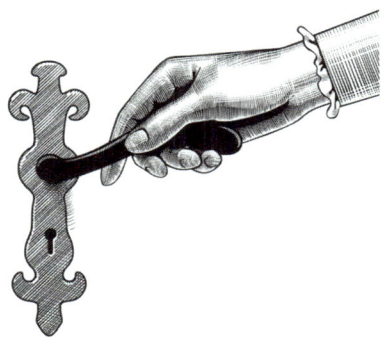

Auch Frauen können ein Geheimnis für sich behalten, vorausgesetzt, man erzählt es ihnen nicht. — AUGUST STRINDBERG

GEHIRN Die Tätigkeit des blumenkohlähnlichen Gehirns pflegt man Geist zu nennen.
— WILHELM BUSCH

Das Gehirn ist ein wunderbares Organ. Es fängt an zu arbeiten, wenn du morgens aufstehst, und hört nicht auf, bis du ins Büro kommst.
— ROBERT FROST

GEISTREICH Wer viele Einfälle hat, ist deswegen noch lange nicht geistreich; man ist nicht schon ein guter General, wenn man über viele Soldaten verfügt. — NICOLAS CHAMFORT

GEIZ Geiz ist subjektive Armut. — PETER HILLE

GELD Geld ist nur wichtig, wenn man es nicht hat.
— HARRISON FORD

GELD

Es ist meistens leichter, mit einem Mann auszukommen, als mit seinem Geld.
— INGRID VAN BERGEN

Heutzutage kaufen viele Leute mit dem Geld, das sie nicht haben, Sachen, die sie nicht brauchen, um damit Leuten zu imponieren, die sie nicht mögen. — ERNST BLOCH

Die beliebteste arbeitssparende Maßnahme ist immer noch, Geld zu haben.
— PHYLLIS GEORGE

Wenn man genug Geld hat, stellt sich der gute Ruf ganz von selbst ein. — ERICH KÄSTNER

Wenn man kein Geld hat, denkt man immer an Geld. Wenn man Geld hat, denkt man nur noch an Geld. — PAUL GETTY JR.

Ich verachte dein Geld zu sehr, als dass ich es dir zurückgeben möchte. — JOHANN NESTROY

Das einzige, was man ohne Geld machen kann, sind Schulden. — HEINZ SCHENK

GELD

Geld allein macht nicht glücklich, aber es ist besser, in einem Taxi zu weinen als in der Straßenbahn. — MARCEL REICH-RANICKI

Wer den Verlust fürchtet, der kann keine Gewinne machen. — GEORGE SOROS

Geld ist immer vorhanden, aber die Taschen wechseln. — GERTRUDE STEIN

Als ich klein war, glaubte ich, Geld sei das wichtigste im Leben. Heute, da ich alt bin, weiß ich: Es stimmt. — OSCAR WILDE

Geld hat überhaupt nichts mit Stil zu tun, aber natürlich ist es in jeder Situation nützlich. — DIANA VREELAND

Mit Bezahlen verplempert man das meiste Geld. — UNBEKANNT

Wer nichts weiter macht als Geld verdienen, der verdient auch nichts anderes als Geld. — UNBEKANNT

Warum ist am Ende des Geldes immer noch so viel Monat übrig? — UNBEKANNT

GELD

Meinen konservativen Freundinnen, die mir meine jungen Geliebten vorhalten, sage ich: »Verpisst euch oder nehmt euch selber einen.« — URSULA ANDRESS

GELIEBTE

Eine Geliebte wählt man nicht. Sie bricht über einen herein. — CLAUDE ANET

Eine große Liebe lässt sich durch die Wirklichkeit des Geliebten nicht stören. — HANNAH ARENDT

Liebt eure Geliebte stark, verwegen, orientalisch, wild und von Herzen. — CHARLES BAUDELAIRE

GELIEBTE	Ein Geliebter ist ein Mann, den man nicht heiratet, weil man ihn gernhat.
— VANESSA REDGRAVE

Jedes Kind ist gewissermaßen ein Genie, und jedes Genie ist gewissermaßen ein Kind.
— ARTHUR SCHOPENHAUER

GENIE	Das Talent arbeitet, das Genie schafft.
— ROBERT SCHUMANN

Die Juden haben drei wahre Genies hervorgebracht: Christus, Spinoza und mich.
— GERTRUDE STEIN

Was glauben Sie denn, wer noch zählt, außer Shakespeare und mir? — GERTRUDE STEIN

Die meisten Gedankenflüge haben nur einen Passagier. — UNBEKANNT

GENTLEMAN	Ein Gentleman ist ein Mann, der eine Frau solange beschützt, bis er mit ihr allein ist.
— ALEC GUINNESS

Gentleman ist ein Mann, der einer Frau gegenüber nicht aus dem Rahmen fällt, auch wenn er über sie im Bilde ist. — WERNER FINCK

GENTLEMAN

Ein Gentleman ist ein Mann, der wenigstens von Zeit zu Zeit so ist, wie er immer sein sollte. — VIVIEN LEIGH

Wer behauptet, die Frauen zu kennen, ist kein Gentleman. — GEORGE BERNARD SHAW

Heutzutage gilt ein Mann schon als Gentleman, wenn er die Zigarette aus dem Mund nimmt, bevor er eine Frau küsst. — BARBRA STREISAND

GENTLEMAN Ein Gentleman beherrscht die Fähigkeit, die Gedanken einer Frau zu erraten, ohne dass sie ihm auf die Sprünge zu helfen braucht.
— ELIZABETH TAYLOR

GESCHENK Ein Geschenk ist genau soviel wert wie die Liebe, mit der es ausgesucht worden ist.
— THYDE MONNIER

GESCHICHTE Was kennen wir aus der Geschichte? Dass aus der Geschichte nichts zu lernen ist.
— WOLF BIERMANN

Leute, die Geschichte machen, haben keine Ahnung von Geschichte. Man erkennt das an der Art von Geschichte, die sie machen.
— GILBERT KEITH CHESTERTON

Die Geschichte wird freundlicher mit mir umgehen, denn ich habe vor, sie zu schreiben.
— WINSTON CHURCHILL

Glücklich das Volk, dessen Geschichte sich langweilig liest.
— CHARLES DE MONTESQUIEU

Weltgeschichte ist eine Verschwörung der Diplomaten gegen den gesunden Menschenverstand.
— ARTHUR SCHNITZLER

GESCHICHTE

Der Grund, warum Männer und Frauen einander nicht verstehen: Sie gehören verschiedenen Geschlechtern an. — DOROTHY DIX

GESCHLECHT

Männer schließen von einer Frau auf alle, Frauen schließen von allen Männern auf einen.
— BEN KINGSLEY

Die Männer halten sich für das starke Geschlecht, weil die Frauen aus ästhetischen Gründen darauf verzichtet haben, Muskeln zu entwickeln. — FRANÇOISE SAGAN

Ich persönlich empfinde es als Last, überhaupt ein Geschlecht zu haben. — PATTY SMITH

GESCHMACK   Guter Geschmack ist die Fähigkeit kontinuierlich den Übertreibungen entgegenzuwirken.
— HUGO VON HOFMANNSTHAL

Es gibt Frauen, die wohl bemerken, was eine andere kleidet, aber bei sich selbst verlässt sie der gute Geschmack. — ELIZABETH SCHULER

Die Männer haben einen sehr sicheren Geschmack: Sie wünschen sich immer eine andere Frau, als sie gerade haben.
— BARBRA STREISAND

GESETZ   Mit Gesetzen ist es wie mit Würstchen. Es ist besser, wenn man nicht sieht, wie sie gemacht werden. — OTTO VON BISMARCK

Wenn man alle Gesetze studieren sollte, so hätte man gar keine Zeit, sie zu übertreten.
— JOHANN WOLFGANG VON GOETHE

GESICHT   Die Natur gibt uns das Gesicht, das wir mit zwanzig haben. Das Leben formt das Gesicht, das wir mit dreißig haben. Aber das Gesicht, das wir mit fünfzig haben, müssen wir uns selber verdienen. — COCO CHANEL

Lieber im Gespräch sein als ins Gerede kommen. — HANS-HORST SKUPY

GESPRÄCH

Sprich nicht, während ich dich unterbreche. — BILLY WILDER

Etwas Gesundheit ab und zu ist das beste Heilmittel. — FRIEDRICH NIETZSCHE

GESUNDHEIT

Gesundheit ist die Summe aller Krankheiten, die man nicht hat. — GERHARD UHLENBRUCK

Gewalt ist die letzte Zuflucht des Unfähigen. — ISAAC ASIMOV

GEWALT

Nichts macht eine Frau dicker als ein Mann. — ZSA ZSA GABOR

GEWICHT

GEWICHT

Es ist nicht einfach, Gewicht zu verlieren. Ich habe Walking gemacht, bin jeden Tag drei Kilometer gejoggt. Aber wissen Sie, was die beste Methode ist? Junge Männer.
— ARETHA FRANKLIN

Ich bin nicht eins von diesen kleinen unscheinbaren Dingern. Ich habe einen Hintern und Brüste. Das ist großartig. Manchmal erzähle ich den Leuten, dass ich zehn Pfund mehr wiege, als ich wirklich auf die Waage bringe.
— COURTNEY LOVE

Ich fühle mich schöner, wenn ich ein bisschen schwerer bin. — ANDIE MACDOWELL

GEWISSEN

Wenn das Gewissen ein Rotlicht ist, dann bemühen sich die meisten, noch schnell bei Gelb über die Kreuzung zu kommen.
— SENTA BERGER

Das Gewissen ist eine Schwiegermutter, deren Besuch nie endet. — HENRY LOUIS MENCKEN

Jeder Gewissensbiss ist ein Ahnen Gottes.
— PETER USTINOV

Donner ist gut und eindrucksvoll, aber die ganze Arbeit leistet der Blitz. — MARK TWAIN

GEWITTER

Wer keine üblen Gewohnheiten hat, hat wahrscheinlich auch keine Persönlichkeit.
— WILLIAM FAULKNER

GEWOHNHEITEN

Ich praktiziere starke Selbstkontrolle: Vor dem Frühstück trinke ich grundsätzlich nichts Stärkeres als Gin. — W. C. FIELDS

GIN

Jedes junge Mädchen kann glamourös sein. Es muss nur stillstehen und dumm gucken.
— HEDI LAMARR

GLAMOUR

Glamour ist nichts weiter als zivilisierter Sex.
— DOROTHY LAMOUR

Zu glauben ist schwer. Nichts zu glauben ist unmöglich. — VICTOR HUGO

GLAUBEN

Glauben ist auf etwas zu vertrauen, von dem du weißt, dass es nicht existiert.
— MARK TWAIN

GLAUBEN Ich lasse mir den Glauben nicht nehmen, dass manche Männer mir ebenbürtig sind.
— BRIGID BROPHY

GLEICH-BERECHTIGUNG Eine Frau, die sich für intelligent hält, verlangt die Gleichberechtigung mit dem Mann. Eine Frau, die intelligent ist, tut das nicht.
— GABRIELLE SIDONIE COLETTE

Unter Gleichberechtigung verstehen manche Männer, dass sie auch eine Freundin haben möchten, weil ihre Frau ebenfalls eine Freundin hat.
— LISA GOCCIONI

GLEICHGÜLTIGKEIT Das Laster der Kleinstadt ist Klatsch, das Laster der Großstadt die Gleichgültigkeit.
— TOM WOLFE

GLÜCK Es gibt viele Wege zum Glück. Einer davon ist aufhören zu jammern.
— ALBERT EINSTEIN

Man darf nicht mehr Glück verbrauchen, als man erzeugt.
— GLENN CLOSE

GLÜCK

Die Absicht, dass der Mensch glücklich sei, ist im Plan der Schöpfung nicht enthalten.
— SIGMUND FREUD

Glück, das ist einfach eine gute Gesundheit und ein schlechtes Gedächtnis.
— ERNEST HEMINGWAY

Alle Menschen streben nach Glück, aber nur wenige sind in diesem Streben erfolgreich.
— DAVID HUME

Die Regeln des Glücks: Tu etwas, liebe jemanden, hoffe auf etwas.
— IMMANUEL KANT

Die meisten Menschen wären glücklich, wenn sie sich das Leben leisten könnten, das sie sich leisten.
— DANNY KAYE

Formel meines Glücks: ein Ja, ein Nein, eine gerade Linie, ein Ziel.
— FRIEDRICH NIETZSCHE

Fast überall wo es Glück gibt, gibt es Freude am Unsinn.
— FRIEDRICH NIETZSCHE

GLÜCK

Der Mensch strebt nicht nach Glück, nur der Engländer tut das. — FRIEDRICH NIETZSCHE

Man weiß selten, was Glück ist, aber man weiß meistens, was Glück war. — FRANÇOISE SAGAN

Glück ist, wenn man zusieht, wie die Zeit vergeht und hofft, dass sie für einen arbeitet.
— WERNER SCHNEYDER

Wir denken selten an das, was wir haben, aber immer an das was uns fehlt.
— ARTHUR SCHOPENHAUER

Viele Menschen wissen, dass sie unglücklich sind. Aber noch mehr Menschen wissen nicht, dass sie glücklich sind. — ALBERT SCHWEITZER

Das Glück ist das einzige, das sich verdoppelt, wenn man es teilt. — ALBERT SCHWEITZER

Das Glück is a Vogerl.
— ALEXANDER VON BICZO

Ich habe nie das Glück gesucht. Wer braucht Glück? Ich habe den Genuss gesucht.

— OSCAR WILDE

GLÜCK

Alle Dinge, die ich wirklich gerne machen würde, sind entweder ungesetzlich, unmoralisch oder machen dick.

— ALEXANDER WOOLLCOTT

Es ist angenehm zu sehen, wie es in der Welt zugehen könnte, wenn Gott nur höhere Budgets und bessere Drehbuchschreiber hätte.

— WOODY ALLEN

GOTT

Ich war Gott sei Dank immer Atheist.

— LUIS BUÑUEL

Gott würfelt nicht. — ALBERT EINSTEIN

Gott wird mir vergeben, das ist sein Geschäft.

— HEINRICH HEINE

Ich glaube an Gott und einen guten Anwalt.

— OLIVER NORTH

GOTT	Alle großen Dinge beginnen als Gotteslästerung. — GEORG BERNARD SHAW

Ein Blitzableiter auf einem Kirchturm ist das denkbar stärkste Misstrauensvotum gegen den lieben Gott. — KARL KRAUS

Ich bat Gott, mir ein Fahrrad zu geben. Jedoch weiß ich, dass das mit Gott so nicht funktioniert. Also habe ich ein Fahrrad gestohlen und ihn um Verzeihung gebeten. — EMO PHILIPS

Gott ist nicht tot. Er lebt, es geht ihm gut, und mittlerweile arbeitet er an einem weniger ehrgeizigen Projekt. — UNBEKANNT

GRÜNE WITWEN	Grüne Witwen sind Hinterbliebene von Männern, die noch leben. — SENTA BERGER

GUTER RAT	Einen guten Rat gebe ich immer weiter. Es ist das einzige, was man damit machen kann. — OSCAR WILDE

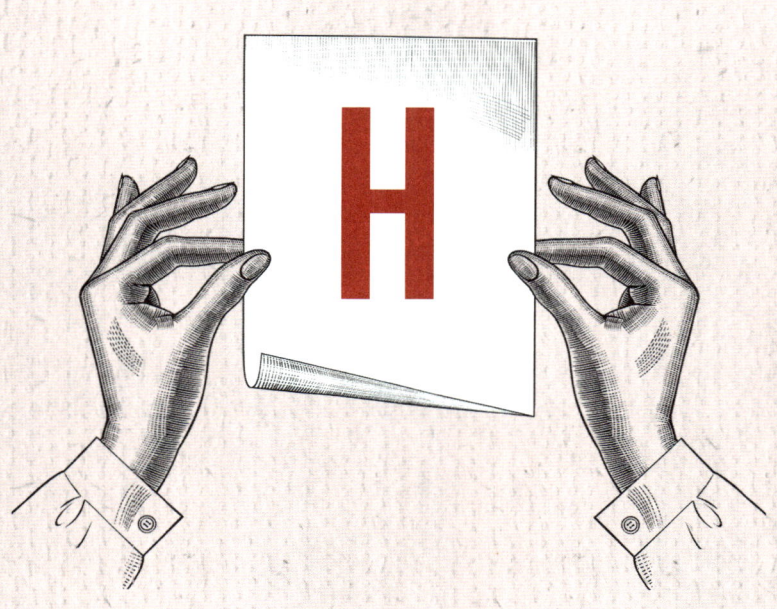

HAND   Es ist ja keineswegs so, dass die Frauen die besseren Menschen sind, sondern sie hatten nur bisher nicht soviel Gelegenheit, sich die Hände schmutzig zu machen. — ALICE SCHWARZER

Lass einem Mann eine Hand frei, und er wird sie überall auf dir spazieren führen. — MAE WEST

HAPPY END   Romanzen, die glücklich enden, mag ich nicht. Sie deprimieren mich so sehr. — OSCAR WILDE

HASS   Ich habe niemals einen Mann so sehr gehasst, dass ich ihm seine Diamanten zurückgegeben hätte. — ZSA ZSA GABOR

Hass muss produktiv machen. Sonst ist es gleich gescheiter zu lieben. — KARL KRAUS

Hass ist die Rache des Feiglings dafür, dass er eingeschüchtert wird. — GEORGE BERNARD SHAW

Ich liebe die Menschheit, aber ich hasse die Leute. — EDNA ST. VINCENT MILLAY

Ich hätte vermutlich auch zu Hause bleiben, Kekse backen und Tea-Partys veranstalten können. — HILLARY CLINTON

HAUS

Ich habe nie geheiratet, weil ich drei Haustiere habe, die den gleichen Zweck erfüllen wie ein Ehemann. Ich habe einen Hund, der jeden Morgen knurrt, einen Papagei, der den ganzen Nachmittag flucht, und eine Katze, die spät in der Nacht nach Hause kommt. — MARIE CORELLI

In meiner Phantasie bin ich immer wieder eine Hausfrau. Ich nehme an, ich bin eine Phantasie. — MARILYN MONROE

Ein Mann im Haus ist so im Wege! — ELIZABETH GASKELL

Ich hasse Hausarbeit! Man macht die Betten, wäscht das Geschirr ab – und sechs Monate später geht's wieder von vorne los. — JOAN RIVERS

Je kaputter die Welt draußen, desto heiler muss sie zu Hause sein. — REINHARD MEY

HEIL

HEIMAT

Unsere Heimat liegt dort, wo wir uns wohlfühlen. Unser Pass sollte dabei keine Rolle spielen.
— ANTONIO TABUCCHI

HEIRAT

Ich habe unter meinem Niveau geheiratet. Alle Frauen tun das. — LADY NANCY ASTOR

Es wird für einen Mann immer unfassbar bleiben, dass eine Frau einen Heiratsantrag zurückweisen könnte. — JANE AUSTEN

Alle Frauen warten auf den Mann ihres Lebens, aber in der Zwischenzeit heiraten sie.
— IRIS BERBEN

Das Problem mit manchen Frauen ist, dass sie wegen nichts völlig aus dem Häuschen geraten – und ihn dann heiraten. — CHER

HEIRAT

Heiraten heißt, alle seine Vernunft zusammenzunehmen, um die wahnsinnigste Handlung zu begehen, die ein Mensch begehen kann.
— MARIE VON EBNER-ESCHENBACH

Es ist schon komisch, dass ein Mann, der sich um nichts auf der Welt Sorgen machen muss, hingeht und eine Frau heiratet. — EMINEM

O Gott, es ist fast unnatürlich, dass zwei Menschen den Rest ihres Lebens zusammenbleiben.
— JANE FONDA

Wenn Sie die Bewunderung vieler Männer für die Nörgeleien eines einzigen eintauschen wollen – nur zu, heiraten Sie!
— KATHARINE HEPBURN

Die Heirat ist die einzige lebenslängliche Verurteilung, bei der man auf Grund schlechter Führung begnadigt werden kann.
— ALFRED HITCHCOCK

Wer keinen Humor hat, sollte eigentlich nicht heiraten. — EDUARD MÖRIKE

HEIRAT

Wenn wir heiraten, übernehmen wir ein versiegeltes Schreiben, dessen Inhalt wir erst erfahren, wenn wir auf hoher See sind.

— LILLI PALMER

Eine Frau heiratet das erste Mal aus Liebe, das zweite Mal aus Geselligkeit, das dritte Mal aus Berechnung und von da an aus Gewohnheit.

— HELEN ROWLAND

Wenn ein Mädchen heiratet, tauscht es die Aufmerksamkeit vieler Männer gegen die Unaufmerksamkeit eines einzigen ein.

— HELEN ROWLAND

Man ist glücklich verheiratet, wenn man lieber heimkommt als fortgeht. — HEINZ RÜHMANN

Hin und wieder verlieren junge Mädchen ihren besten Freund, indem sie ihn heiraten.

— FRANÇOISE SAGAN

Man kann anderen Leuten erklären, warum man seinen Mann geheiratet hat, aber sich selbst kann man davon nicht überzeugen.

— GEORGE SAND

HEIRAT

Heiraten bedeutet: seine Rechte halbieren und seine Pflichten verdoppeln.
— ARTHUR SCHOPENHAUER

Ich würde gern heiraten. Mir gefällt der Gedanke, dass ein Mann per Gesetz dazu verpflichtet ist, jede Nacht mit mir zu schlafen.
— CARRIE SNOW

Warum sollte ich heiraten und einen Mann unglücklich machen, wenn ich auch Single bleiben und Tausende unglücklich machen kann?
— CARRIE SNOW

Ich hab ein paar Leute geheiratet, die ich nicht hätte heiraten sollen, aber haben wir das nicht alle?
— MAMIE VAN DOREN

Heirat ist die Gründung einer Gesellschaft für Konfliktforschung.
— WOLFRAM WEIDNER

Mir war so kalt, dass ich fast geheiratet hätte.
— SHELLEY WINTERS

HEIRAT   Männer heiraten, weil sie müde, Frauen, weil sie neugierig sind. Beide werden enttäuscht.
— OSCAR WILDE

HEITERKEIT   Heiterkeit ist ohne Ernst nicht zu begreifen.
— LORIOT

HELD   Jeder Held wird am Ende langweilig.
— RALPH WALDO EMERSON

Zeig mir einen Helden, und ich schreibe dir eine Tragödie. — F. SCOTT FITZGERALD

HERR   Der Herr in den besten Jahren ist daran zu erkennen, dass er sein Jagdgebiet erweitert, obwohl die Munition knapper wird.
— THADDÄUS TROLL

HERRSCHEN   Ein starker Mann muss eine Frau nicht beherrschen.
— MARILYN MONROE

HERZ   In der Liebe sind auch die größten Herzensbrecher nur Lehrlinge mit Vergangenheit.
— ZSA ZSA GABOR

HERZ

Wenn ein Mann einer Frau etwas ans Herz legt, dann bestimmt seine Hand. — HELEN VITA

HEUCHELEI

Heuchelei ist die Korruption des kleinen Mannes; die großen kommen ohne sie aus. Sie sind guten Gewissens korrupt. — NIKOLAUS CYBINSKI

Gar nicht von sich zu reden, ist eine sehr vornehme Heuchelei. — FRIEDRICH NIETZSCHE

HINDERNIS

Verbringe die Zeit nicht mit der Suche nach einem Hindernis, vielleicht ist keines da. — FRANZ KAFKA

HILFE

Rufe nicht nachts um Hilfe. Du könntest die Nachbarn wecken. — STANISLAW JERZY LEC

HOCHZEIT

Früher hat man eine einzige lange Hochzeitsreise mit dem Mann seines Lebens gemacht. Heute macht man mehrere kürzere mit verschiedenen Männern. — GOLDA MEIR

HOCHZEIT Vor der Hochzeit wird ein Mann die halbe Nacht wachliegen, um darüber nachzudenken, was du gesagt hast. Nach der Hochzeit wird er einschlafen, bevor du ausreden konntest.

— HELEN ROWLAND

HÖFLICHKEIT Höflichkeit ist der Versuch, Menschenkenntnis durch gute Manieren zu mildern.

— JEAN GABIN

Höflichkeit bedeutet meistens, dass man den Leuten nicht sagt, was man denkt.

— KATHARINE HEPBURN

Höflichkeit ist der Versuch, die anderen so zu sehen, wie sie nicht sind.

— VICTOR DE KOWA

HOFFNUNG Hoffen heißt: vom Leben falsche Vorstellungen haben.

— GOTTFRIED BENN

Das Licht am Ende des Tunnels ist der Expresszug, der direkt auf dich zufährt.

— BILLY WILDER

HOMOSEXUALITÄT

Ich verstehe nicht, wie man homosexuell sein kann. Das Normale ist doch schon unangenehm genug. —— EGON FRIEDELL

HORIZONT

Wir leben alle unter demselben Himmel, aber wir haben nicht alle denselben Horizont.
—— KONRAD ADENAUER

HUMOR

Humor ist, wenn man trotzdem lacht.
—— OTTO JULIUS BIERBAUM

Humor ist die Lust zum Lachen, wenn einem zum Heulen ist. —— WERNER FINCK

Humor ist die Medizin, die am wenigsten kostet und am leichtesten einzunehmen ist.
—— GIOVANNI GUARESCHI

Es ist nämlich nicht wahr, dass Humor nur so etwas Leichtes und Unernstes wäre, während die ernsten Dinge immer sehr wichtig wären.
—— EPHRAIM KISHON

Humor ist Verstand plus Herz geteilt durch Selbsterkenntnis. —— FRANÇOIS TRUFFAUT

HUMOR   Denn das ist Humor: durch die Dinge durchsehen, wie wenn sie aus Glas wären.
— KURT TUCHOLSKY

Humor ist der Knopf, der verhindert, dass uns der Kragen platzt. — JOACHIM RINGELNATZ

Die verborgene Quelle des Humors ist nicht Freude, sondern Kummer. — MARK TWAIN

HUND   Ich verabscheue Menschen, die sich Hunde halten. Das sind Feiglinge, die nicht den Mut haben, andere Leute selbst zu beißen.
— AUGUST STRINDBERG

HYPOCHONDER   Das beste Mittel gegen Hypochondrie ist es, den eigenen Körper zu vergessen und sich für den eines anderen zu interessieren.
— GOODMAN ACE

Es gilt als taktlos, einem Hypochonder Gesundheit zu wünschen. — WERNER MITSCH

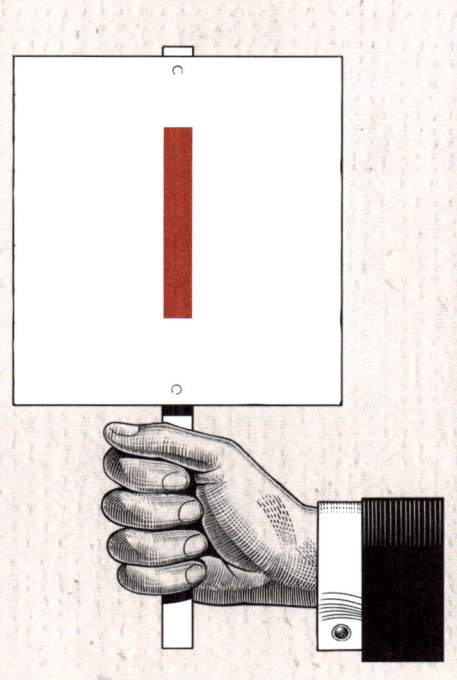

ICH Bei vielen Menschen ist es bereits eine Unverschämtheit, wenn sie Ich sagen.
— THEODOR W. ADORNO

So sehr ich nach Hause geeilt, so ungern bin ich angekommen. Denn das Erste, was ich fand, war Ich selbst. — GOTTHOLD EPHRAIM LESSING

IDEAL Alle großen Ideale scheitern an den Leuten.
— BERTOLT BRECHT

Alle Männer sind auf der Suche nach der idealen Frau – vor allem nach der Hochzeit.
— YOKO ONO

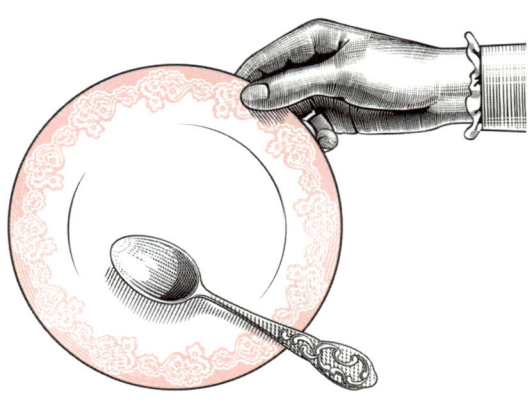

Ein Idealist ist ein Mann, der aus der Tatsache, dass eine Rose besser riecht als Kohl, darauf schließt, eine Suppe aus Rosen müsse auch besser schmecken. —— ERNEST HEMINGWAY

IDEALIST

Das ewige Kreuz mit den Weltverbesserern ist, dass sie nie bei sich selbst anfangen.
—— THORNTON WILDER

Der Mensch ist bereit, für eine Idee zu sterben, vorausgesetzt, dass sie ihm nicht ganz klar ist.
—— GILBERT KEITH CHESTERTON

IDEE

Ein Mann mit einer neuen Idee ist unausstehlich, bis er der Idee zum Erfolg verholfen hat.
—— MARK TWAIN

Illusionen platzen immer, Träume werden immer wahr. —— YOKO ONO

ILLUSION

Wenn man alle Männer, die infantil geblieben sind, auch als solche behandeln würde, wäre die Welt voller Kinderwagen. —— MERLE OBERON

INFANTIL

INFORMATION   Wo Informationen fehlen, wachsen die Gerüchte. — ALBERTO MORAVIA

INSTINKT   Ich schreibe, wenn ich inspiriert bin; und ich bemühe mich, jeden Morgen um neun inspiriert zu sein. — PETER DE VRIES

INTELLEKTUELL   Instinkt wiegt Intelligenz auf. — GUSTAVE FLAUBERT

Intellektuell ist man dann, wenn man zwischen den Zeilen lesen kann. — WERNER HÖFER

Ein Intellektueller ist einer, der glaubt, er könne im Dunkeln mit Brille besser sehen. — GERHARD UHLENBRUCK

INTELLIGENZ   Der Nachteil der Intelligenz besteht darin, dass man dauernd gezwungen ist, dazuzulernen. — GEORGE BERNARD SHAW

Ich war froh, dass ich sofort antworten konnte. Ich sagte, ich hätte keine Ahnung. — MARK TWAIN

INTUITION

Unter Intuition versteht man die Fähigkeit gewisser Leute, eine Lage in Sekundenschnelle falsch zu beurteilen. — FRIEDRICH DÜRRENMATT

INZEST

Was ist eigentlich falsch an einem kleinen Inzest? Er ist schnell zur Hand und billig.
— JAMES AGATE

IRONIE

Ironie ist, jemanden auf den Arm nehmen und in den Himmel heben. — WOLFRAM WEIDNER

IRREN

Irren ist ärztlich. — CURT GOETZ

Der Irrsinn ist bei einzelnen etwas Seltenes – aber bei Gruppen, Parteien, Völkern, Zeiten die Regel. — FRIEDRICH NIETZSCHE

Es ist ein Irrglaube, dass Menschen mit Hornbrille, die nur schwarze Kleidung tragen, irgendwelche höhergestellten Ansprüche haben.
— HARALD SCHMIDT

Irren ist menschlich. Deshalb werden Menschen, die sich irren, bestraft, Instanzen nicht.
— KURT TACKMANN

IRREN Das Geheimnis des Lebens ist, dass man das Vergnügen schätzt, sich schrecklich, schrecklich zu irren. — OSCAR WILDE

ITALIEN Der Italiener ist ein Gran Turismo des Flirts, aber ein Serienwagen der Leidenschaft. — MAUD BAYNHAM

Für den Italiener ist Liebe kein Longdrink, sondern ein Espresso. — JUDITH COSGRAVE

Ziel aller Hochzeitsreisen. Italien! Italien! Führt zu zahlreichen Enttäuschungen, ist längst nicht so schön, wie immer behauptet wird. — GUSTAVE FLAUBERT

JASAGER Ich möchte keine Jasager um mich. Ich möchte, dass jeder mir die Wahrheit sagt, auch wenn es ihn den Job kostet. —— SAMUEL GOLDWYN

JOB Ich finde, ein Mann, der einen Job genauso gut macht wie eine Frau, sollte auch genauso gut bezahlt werden. —— CELESTE HOLM

JOURNALISMUS Keinen Gedanken haben und ihn ausdrücken können – das macht den Journalisten.
—— KARL KRAUS

Vielschichtigkeit ist der Feind des Journalismus. —— CHARLES SIMIC

Ein schlechter Journalist ist noch kein Philosoph. —— KURT TUCHOLSKY

Erstmal die Fakten sammeln – dann kannst du sie verdrehen, wie es dir passt. —— MARK TWAIN

Der Unterschied zwischen Journalismus und Literatur ist, dass Journalismus nicht lesbar ist und Literatur nicht gelesen wird.
—— OSCAR WILDE

Ein Jubiläum ist ein Datum, an dem eine Null für eine Null von mehreren Nullen geehrt wird.

— PETER USTINOV

JUBILÄUM

Wer seiner eigenen Jugend nachläuft, wird sie nie einholen. — ANDRÉ MAUROIS

JUGEND

In der Zeit liebt sich's am besten, wenn man noch denkt, dass man allein liebt und noch kein Mensch so geliebt hat und lieben werde.

— JOHANN WOLFGANG VON GOETHE

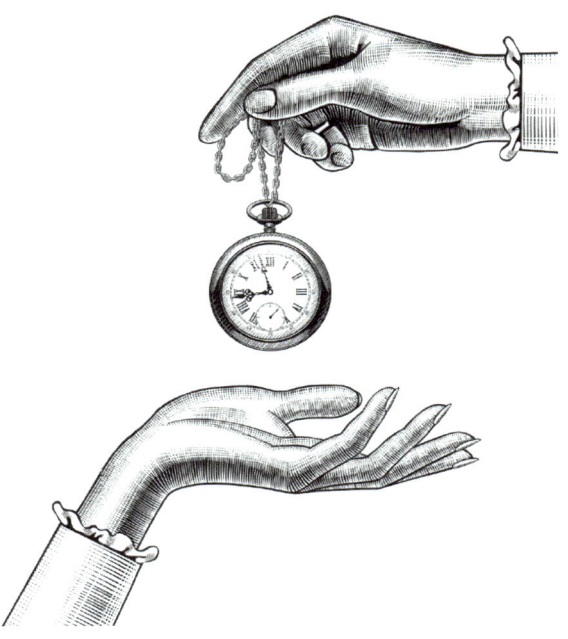

JUGEND

Jugend: Genesung von der Kindheit.
— AMBROSE BIERCE

Manche Menschen glauben ihrer Jugend deshalb nahe zu sein, weil sie sich dauernd von ihr verabschieden.
— WERNER SCHNEYDER

Jugend ist eine wunderbare Sache. Was für eine Schande, sie an Kinder zu verschwenden.
— GEORGE BERNARD SHAW

Um seine Jugend zurückzuerhalten, braucht man nur seine Torheiten zu wiederholen.
— OSCAR WILDE

JUNGFRAU

Eine alter Jungfer zu sein ist wie Ertrinken – eine wunderbare Erfahrung, wenn man nicht mehr dagegen ankämpft.
— EDNA FERBER

Den Verlust meiner Jungfräulichkeit habe ich als Schritt auf der Karriereleiter angesehen.
— MADONNA

JUNGGESELLE

Der Junggeselle ist ein Mann, den die Frauen noch ausprobieren.
— AMBROSE BIERCE

Ein Junggeselle ist ein Mann, der nur ein einziges Problem hat – und das ist lösbar.

— WOODY ALLEN

JUNGGESELLE

Junggesellen sind Männer, die wissen, wie klein die Chance ist, dass man in einer Auster eine Perle findet. — AVA GARDNER

Der Ehemann kennt viele Leiden, der Junggeselle keine Freuden. — SAMUEL JOHNSON

Jeder Mann muss, darüber sollte sich eine Frau klar sein, erst einmal zu einem Ehemann entwickelt werden. Was eine Frau heiratet, ist ein Junggeselle, der momentan das Junggesellendasein satt hat.

— SABINE SANDERS

Junggesellen sind Männer, die lieber suchen als finden. — CATERINA VALENTE

Die Kunst der meisten Juristen erschöpft sich darin, bei der Rechtsprechung Formfehler zu vermeiden. — CARLOS WIDMANN

JURIST

KAFFEEHAUS Was ist ein Kaffeehausliterat? Ein Mensch, der Zeit hat, im Kaffeehaus über das nachzudenken, was die anderen draußen nicht erleben.
— ANTON KUH

KAPITALISMUS Der Kapitalismus ist eine kriminelle Vereinigung, von der wir alle profitieren.
— PETER ZADEK

KARATE Wenn du Karate kannst, ist es egal, ob du Höschen trägst oder nicht. — GERMAINE GREER

KARRIERE Wenn ein Mann Karriere macht, fragt kein Mensch: Und was machen Sie mit den Kindern? — SENTA BERGER

Wer die Leiter des sozialen Aufstiegs erklettert hat, vergisst oft, wozu er geklettert war und in wessen Auftrag. — STANISLAW JERZY LEC

Ich stand länger am Ende meiner Karriere, als die Karriere der meisten Menschen überhaupt dauert.
— MARTINA NAVRATILOVA

KARRIERE

Mit der Zeit wird die Verwandtschaft es akzeptieren, dass Ihre Karriere genauso wichtig ist wie die Familie. Bis dahin wird allerdings das Polareis geschmolzen sein. — BARBARA DALE

Eine Karriere kann am besten in einem Wort zusammengefasst werden: vorbei.
— BILLY WILDER

KATHOLIZISMUS

Der Katholizismus ist nicht so sehr eine Glaubensfrage, sondern eine fast schon folkloristische Notwendigkeit. — OTTFRIED FISCHER

Das ist eines der typischen Kennzeichen des Katholizismus: bodenlose Behauptungen frech vorzutragen. — STANISLAUS JOYCE

Ein skeptischer Katholik ist mir lieber als ein gläubiger Mensch. — KURT TUCHOLSKY

KAUFEN

Viele Leute kaufen mit Geld, das sie nicht haben. Dinge, die sie nicht brauchen, um Leuten zu imponieren, die sie nicht ausstehen können.
— UNBEKANNT

KAVALIER

Ein Kavalier ist ein Mann, der wenigstens nicht mit den Frauen flirtet, die er im Omnibus stehen lässt. — MONIKA PEITSCH

Die Männer sind Kavaliere. Zwar drängeln sie rücksichtslos am Bus, aber wenn eine Frau hinfällt, treten sie wenigstens nicht auf sie. — OLIVIA PORTER

KIND

Kinder müssen die Dummheiten der Erwachsenen ertragen, bis sie groß genug sind, sie selbst zu machen. — JEAN ANOUILH

Ich bin mit Beatrice Salked verheiratet, einer Malerin. Wir haben keine Kinder, außer mir. — BRENDAN BEHAN

Als Kind habe ich immer geglaubt, wenn man erst mal groß ist, könnte man alles tun, wozu man Lust hat – jede Nacht aufbleiben oder Eis direkt aus dem Eis-Container essen. — BILL BRYSON

Ich war so ein hässliches Kind. Als ich im Sandkasten spielte, wollte mich die Katze die ganze Zeit zuschütten. — RODNEY DANGERFIELD

KIND

Kinder, die man nicht liebt, werden Erwachsene, die nicht lieben. — PEARL S. BUCK

Ich habe oft zu meinem Mann gesagt, dass wir vielleicht mehr Kinder hätten, wenn wir häufiger im Urlaub gewesen wären.
— HILLARY CLINTON

Ich war so ein hässliches Kind. Als ich im Sandkasten spielte, wollte mich die Katze die ganze Zeit zuschütten. — RODNEY DANGERFIELD

Alle Kinder sind im Grunde kriminell.
— DENIS DIDEROT

Ich habe noch nie ein Kind getroffen, das ich mochte. — W. C. FIELDS

Ich hatte eine sehr schwere Kindheit. Ich kam praktisch ohne Zähne zur Welt und war die ersten Jahre so gut wie infantil.
— ROBERT GERNHARDT

Ich liebe alle Kinder. Aber ich liebe auch meinen Schlaf. — AXEL HACKE

KIND

Kinder sind nicht dümmer als Erwachsene, sie haben nur weniger Erfahrung.
—— JANUSZ KORCZAK

Die eigentliche Gefahr beim Umgang mit einem Fünfjährigen liegt darin, dass man sich nach kürzester Zeit wie ein Fünfjähriger anhört.
—— JEAN KERR

Fragen Sie Ihr Kind nur dann, was es zum Abendessen haben will, wenn es selbst einkaufen geht.
—— FRAN LEBOWITZ

Schon als Kind hatte ich nur ein Ziel: Ich will die Welt regieren.
—— MADONNA

Ein Kind ist eine sichtbar gewordene Liebe.
—— NOVALIS

An Kindern gefällt mir der Produktionsprozess am besten.
—— ZARKO PETAN

Jeder weiß, wie man Kinder großzieht, ausgenommen die Leute, die welche haben.
—— P. J. O'ROURKE

Die Kinder von heute sind Tyrannen. Sie widersprechen ihren Eltern, kleckern mit dem Essen und ärgern ihre Lehrer. — SOKRATES

KIND

Kinder sind weise. Auf Liebe antworten sie mit Liebe und auf Hass mit Hass.
— ALEXANDER SUTHERLAND NEILL

Es gibt nur ein schönes Kind auf der Welt. Jede Mutter hat es. — HERMAN VAN VEEN

Für meine Tochter Leonora, ohne deren beständige Zuneigung und Ermunterung dieses Buch in der Hälfte der Zeit fertiggestellt worden wäre.
— PELHAM GRENVILLE WODEHOUSE

Wer Filme macht, hat eine erstklassige Chance, sein Bankkonto durch ein Magengeschwür zu ersetzen. — WOODY ALLEN

KINO

Ich würde nicht unbedingt sagen, wenn man einen Western gesehen hat, hat man praktisch alle gesehen; aber wenn man praktisch alle gesehen hat, hat man das Gefühl, bloß einen gesehen zu haben. — KATHARINE WHITEHORN

KIRCHE Das Wort Kirchensteuer suchte ich bisher in der Heiligen Schrift vergebens.
— WERNER MITSCH

Was die Kirche nicht verhindern kann, das segnet sie.
— KURT TUCHOLSKY

KLASSIKER Er ist schon fast ein Klassiker. Er wird kaum noch gelesen.
— GABRIEL LAUB

KLATSCH Klatsch ist Verurteilung aus Mangel an Beweisen.
— RALPH BOLLER

Frauen lieben es gar nicht, Klatsch weiterzuerzählen. Sie wissen nur nicht, was sie sonst damit tun sollen.
— ROMY SCHNEIDER

Zeigen Sie mir einen Menschen, der nie tratscht. Das gibt's einfach nicht, dass man sich nicht für andere Leute interessiert.
— BARBARA WALTERS

KLEIDUNG Kleider machen Leute. Nackte haben wenig oder keinerlei Einfluss in der Gesellschaft.
— MARK TWAIN

KLEINSTADT

In einer Kleinstadt gibt es nicht viel zu sehen, aber was man dort hört, macht das wett.
— KIM HUBBARD

KLITORIS

Das ist schon furchtbar: Ich weiß nicht, ob man Klitoris auf dem i oder auf dem o betont, und er sucht schon zwanzig Jahre danach und findet sie nicht.
— KAREN ARTHUR

KLUB

Es würde mir nicht im Traum einfallen, einem Klub beizutreten, der bereit wäre, jemanden wie mich als Mitglied aufzunehmen.
— GROUCHO MARX

KLUGHEIT

Klugheit ist oft lästig, wie ein Nachtlicht im Schlafzimmer.
— LUDWIG BÖRNE

Ein kluger Mann macht nicht alle Fehler selber. Er gibt auch anderen eine Chance.
— WINSTON CHURCHILL

Der Vorteil der Klugheit liegt darin, dass man sich dumm stellen kann. Das Gegenteil ist schon schwieriger.
— KURT TUCHOLSKY

KNABE

Der Unterschied zwischen einem Knaben und einem Mann ist gar nicht so groß – er besteht meist nur in der Preisdifferenz ihrer Spielsachen. — CYNTHIA WARREN

KOCHEN

Kochen ist wie die Liebe. Man sollte ganz und gar darin aufgehen oder es bleiben lassen.
— HARRIET VAN HORNE

KOKAIN

Kokain ist Gottes Art und Weise, um dir mitzuteilen, dass du zuviel Geld hast. — STING

KOMMEN

Sie freute sich immer, wenn er kam, und bedauerte es nie, wenn er ging.
— DOROTHY PARKER

KOMMISSION

Hätte man bei der Erschaffung der Welt eine Kommission eingesetzt, dann wäre sie heute noch nicht fertig. — GEORGE BERNARD SHAW

KOMMUNION

Wer hat bei der Erstkommunion nicht davon geträumt, Papst zu werden?
— FRANÇOIS MITTERRAND

Der Kommunismus ist eine großartige Theorie. Das Unglück besteht darin, dass er sich in die Praxis umsetzen lässt. — EPHRAIM KISHON

KOMMUNISMUS

Kommunisten sind Leute, die sich einbilden, sie hätten eine unglückliche Kindheit gehabt. — GERTRUDE STEIN

Eine Frau kann tagelang von nichts anderem leben als von einem wunderbaren Kompliment. — MICHÈLE MORGAN

KOMPLIMENT

Ein geglücktes Kompliment ist die charmante Vergrößerung einer kleinen Wahrheit. — JOHANNES HEESTERS

Ein Kompromiss ist dann vollkommen, wenn alle unzufrieden sind. — ARISTIDE BRIAND

KOMPROMISS

Ein Kompromiss, das ist die Kunst, einen Kuchen so zu teilen, dass jeder meint, er habe das größte Stück bekommen. — LUDWIG ERHARD

KONFERENZ Nicht alle Männer, die Konferenzen abhalten, haben eine Geliebte. Manche haben zwei.
— ZSA ZSA GABOR

KONSERVATIV Konservative sind sehr für den Fortschritt, sofern er auf der Stelle tritt. — NORMAN MAILER

KOPF **Der Mann hat hauptsächlich deshalb einen Kopf, damit eine Frau ihn verdrehen kann.**
— JACQUES PRÉVERT

KOSMETIK Die Frauen machen sich nur deshalb so hübsch, weil das Auge des Mannes besser entwickelt ist als sein Verstand. — ZSA ZSA GABOR

Ist es wirklich nötig, dass sich Frauen in den täglichen Kampf um übermenschliche Schönheit stürzen, nur um diese dann den Liebkosungen eines unmenschlich hässlichen Mannes darzubieten? — GERMAINE GREER

Kosmetik ist die Lehre vom Kosmos des Weibes. — KARL KRAUS

Es gibt keine hässlichen Frauen, es gibt nur gleichgültige. — HELENA RUBINSTEIN

KOSMETIK

Kosmetik ist die Kunst, die Geburtsurkunde zu dementieren. — OLGA TSCHECHOWA

KRIEG

Kriege gibt es überall dort, wo für den Frieden gekämpft wird. — ELAZAR BENYOËTZ

Krieg besteht aus einer Serie von Katastrophen, die mit einem Sieg enden. — GEORGES CLEMENÇEAU

KRITIK

Eine schlechte Kritik kann einem das Frühstück verderben, aber man sollte nicht zulassen, dass sie einem auch das Mittagessen verdirbt. — KINGSLEY AMIS

Warum denn sachlich, wenn es auch persönlich geht? — ANTON KUH

Wer sich über Kritik ärgert, gibt zu, dass sie verdient war. — PUBLIUS CORNELIUS TACITUS

KRITIKER

Kritiker sind wie die Eunuchen in einem Harem: Sie wissen, wie's gemacht wird, sie haben's jeden Tag gesehen, sie sind aber unfähig, es selbst zu machen. — BRENDAN BEHAN

KRITIKER

Geben Sie nie etwas auf die Äußerungen von Kritikern. Einem Kritiker zu Ehren ist noch nie ein Denkmal errichtet worden.

— JEAN SIBELIUS

Ein Kritiker ist jemand, der den Weg kennt, aber nicht Autofahren kann.

— KENNETH TYRAN

Kritiker suchen Jahre und Jahre nach dem falschen Wort, das sie – um ihnen Gerechtigkeit widerfahren zu lassen – dann schließlich finden.

— PETER USTINOV

In den besten Zeiten der Kunst gab es keine Kunstkritiker.

— OSCAR WILDE

KULTUR

Die versinkende Kultur der Gegenwart klammert sich an den Strohhalm, aus dem man den Cocktail schlürft.

— ANTON KUH

Kultur ist das, was der Metzger hätte, wenn er Chirurg wäre.

— MARY PETTIBONE POOLE

KÜNSTLER

Künstler sind Leute, die etwas tun, für das sich andere Leute schämen würden.

— GEORG BASELITZ

KÜNSTLER

Künstler haben gewöhnlich die Meinung von uns, die wir von ihren Werken haben.
— MARIE VON EBNER-ESCHENBACH

Als Kind ist jeder ein Künstler. Die Schwierigkeit liegt darin, als Erwachsener einer zu bleiben.
— PABLO PICASSO

Manchmal denke ich, das Leben des Künstlers sei ein langer und süßer Selbstmord, und ich bedauere es nicht.
— OSCAR WILDE

KUNST

Aufgabe von Kunst heute ist es, Chaos in die Ordnung zu bringen.
— THEODOR W. ADORNO

Kunst ist Magie, befreit von der Lüge, Wahrheit zu sein.
— THEODOR W. ADORNO

Gebt mir ein Museum, und ich werde es füllen.
— PABLO PICASSO

KURVE

Die Kurve ist die lieblichste Entfernung zwischen zwei Punkten.
— MAE WEST

KUSS

Eine junge Frau, die sich küssen und streicheln lässt, macht auch den Rest noch mit.
— ELIZABETH-CHARLOTTE, HERZOGIN VON ORLÉANS

Ein Kuss ist der Versuch, unter möglichst intensiver Benützung der Lippen gemeinsam zu schweigen.
— SENTA BERGER

Ein Kuss ist ein liebenswerter Trick der Natur, ein Gespräch zu unterbrechen, wenn Worte überflüssig werden.
— INGRID BERGMAN

Ein Kuss kann ein Komma sein, ein Fragezeichen oder ein Ausrufezeichen. Diese grundlegenden Satzzeichen sollte jede Frau beherrschen.
— LA MISTINGUETT

Der Mann stiehlt den ersten Kuss, bittet um den zweiten, verlangt den dritten, nimmt sich den vierten, akzeptiert den fünften und duldet alle folgenden.
— HELEN ROWLAND

Küssen ist besser als geküsst zu werden.
— WILLIAM SHAKESPEARE

LACHEN Lachen ist durchaus kein schlechter Beginn für eine Freundschaft und ihr bei weitem bestes Ende. — OSCAR WILDE

LADY Eine Lady ist eine Dame, die aus Männern Gentlemen macht. — ALEC GUINNESS

LÄCHERLICH Vom Erhabenen zum Lächerlichen ist es oft nur ein Schritt. — NAPOLEON BONAPARTE

LANGEWEILE Es ist schlimm, wenn zwei Eheleute einander langweilen. Viel schlimmer jedoch ist es, wenn nur einer von ihnen den anderen langweilt. — MARIE VON EBNER-ESCHENBACH

Wie kann man sich langweilen, bei allem, was es zu sehen, lesen, lernen und erfinden gibt? — KARL LAGERFELD

Wir verzeihen oft denen, die uns langweilen, aber niemals denen, die wir langweilen. — FRANÇOIS LA ROCHEFOUCAULD

Der Langweiler langweilt sich mit den Clowns, der Fröhliche amüsiert sich auf Beerdigungen. — FELIX LECLERC

Ein Grund, warum ich nicht trinke, ist der, dass ich es mitbekommen möchte, wenn ich mich amüsiere. — LADY NANCY ASTOR

LASTER

Laster sind die Vergnügungen, zu denen es uns an dem nötigen Mut fehlt. — GRAHAM GREENE

Die meisten Menschen geben ihre Laster erst auf, wenn sie ihnen Beschwerden machen. — WILLIAM SOMERSET MAUGHAM

Latinos sind sinnliche Enthusiasten. In Brasilien werfen sie Blumen auf dich, in Argentinien sich selbst. — MARLENE DIETRICH

LATINO

Die Antwort auf die große Frage nach dem Leben, dem Universum und allem lautet: 42. — DOUGLAS ADAMS

LEBEN

Die wirklichen Menschen wollen, dass ihr Leben eine Fiktion ist, und die erfundenen, dass ihr Leben Realität wird. — WOODY ALLEN

LEBEN

Das Leben ist grausam und ungerecht und nicht leicht, und dann ist es auch noch viel zu kurz. — WOODY ALLEN

Letzten Endes ist alles Spaß.
— CHARLIE CHAPLIN

Das Leben ist ein Spiel. Man macht keine größeren Gewinne, ohne Verluste zu riskieren.
— CHRISTINE VON SCHWEDEN

Was hatte ich doch für ein wundervolles Leben! Ich wünschte nur, ich hätte es früher bemerkt.
— GABRIELLE SIDONIE COLETTE

Man braucht vor dem Leben keine Angst zu haben. Man muss es nur verstehen.
— MARIE CURIE

Das Leben ist zu kurz, um klein zu sein.
— BENJAMIN DISRAELI

Ich will nicht, dass das Leben die Kunst imitiert. Ich will, dass das Leben Kunst ist.
— CARRIE FISHER

LEBEN

Ich bin eine Frau, die ihr Leben genießt. Manchmal verliere ich, manchmal gewinne ich.
— MATA HARI

Der Sinn des Lebens ist, was man dafür hält.
— STEPHEN HAWKING

Das Leben ist einfach ein verdammtes Ding nach dem anderen. — ELBERT HUBBARD

Entweder man lebt, oder man ist konsequent.
— ERICH KÄSTNER

Bevor man das Leben über sich ergehen lässt, sollte man sich narkotisieren lassen.
— KARL KRAUS

Wer eine Jogginghose trägt, hat die Kontrolle über sein Leben verloren. — KARL LAGERFELD

Jeder Tag ist ein kleines Leben, jedes Erwachen und Aufstehen eine kleine Geburt, jeder frische Morgen eine kleine Jugend, und jedes zu Bett gehen und Einschlafen ein kleiner Tod.
— ARTHUR SCHOPENHAUER

LEBEN

Leben ist das, was abläuft, während du andere Dinge im Kopf hast. — JOHN LENNON

Ich möchte wie Gandhi sein und wie Martin Luther King und John Lennon. Aber ich möchte am Leben bleiben. — MADONNA

Das Leben ist die Suche des Nichts nach Etwas. — CHRISTIAN MORGENSTERN

Leben überhaupt heißt in Gefahr sein. — FRIEDRICH NIETZSCHE

Leben ist der Anfang des Todes. — NOVALIS

Das Leben ist ein Pensum zum Abarbeiten. — ARTHUR SCHOPENHAUER

Man muss sein Leben aus dem Holz schnitzen, das man zur Verfügung hat. — THEODOR STORM

Wenn wir bedenken, dass wir alle verrückt sind, ist das Leben erklärt. — MARK TWAIN

LEBEN

Es stimmt nicht, dass im Leben eine verdammte Sache nach der anderen passiert. Es passiert immer wieder dieselbe verdammte Sache.
— EDNA ST. VINCENT MILLAY

Du sollst so leben, dass bei deinem Tode auch der Sargtischler trauert. — MARK TWAIN

Das Leben ist kurz, brich die Regeln, vergib schnell, liebe wahrhaftig, lache unkontrolliert und bereue nichts, was dir ein Lächeln geschenkt hat. — MARK TWAIN

Wirklich zu leben ist das Kostbarste auf der Welt. Die meisten Menschen existieren bloß, sonst nichts. — OSCAR WILDE

LEBEN So ist das Leben: Mal verliert man, mal gewinnen die anderen. — UNBEKANNT

LEBENSKUNST Lebenskunst ist die Kunst des richtigen Weglassens. Das fängt beim Reden an und endet beim Dekolleté. — COCO CHANEL

Lebenskünstler sind Menschen, die schon vollkommen glücklich sind, wenn sie nicht vollkommen unglücklich sind. — ARSENIO HALL

Die wahren Lebenskünstler vergleichen sich grundsätzlich nur mit Leuten, denen es schlechter geht als ihnen. — ANDRÉ MAUROIS

Lebensstandard ist der Versuch, sich heute das zu leisten, wofür man auch in zehn Jahren noch kein Geld haben wird. — WALTER MATTHAU

LEICHTSINN Der Leichtsinn ist ein Schwimmgürtel für den Strom des Lebens. — LUDWIG BÖRNE

LEIDENSCHAFT Ein in Leidenschaft entflammter Mensch reitet ein Pferd, das mit ihm durchgeht. — CHARLES H. SPURGEON

Eine erloschene Leidenschaft ist kälter als Eis. **LEIDENSCHAFT**
— ZSA ZSA GABOR

Willst du den Wert des Geldes kennenlernen, geh und versuche dir welches zu borgen. **LEIHEN**
— BENJAMIN FRANKLIN

Die meisten Menschen wären glücklich, wenn sie sich das Leben leisten könnten, das sie sich leisten. **LEISTEN**
— DANNY KAYE

Nur der Dumme lernt aus der Erfahrung, der Kluge dagegen aus der Erfahrung anderer. **LERNEN**
— OTTO VON BISMARCK

Ich habe einen Kurs im Schnellesen mitgemacht und bin nun in der Lage, »Krieg und Frieden« in zwanzig Minuten durchzulesen. Es handelt von Russland. **LESEN**
— WOODY ALLEN

Lesen ist denken mit fremdem Gehirn.
— JORGE LUIS BORGES

Heute liest nur noch, wer es nicht lassen kann.
— CHRISTOPH HEIN

LESEN Ein Leser hat's gut: er kann sich seine Schriftsteller aussuchen. — KURT TUCHOLSKY

LIEBE Liebe ist die Antwort, aber während man auf sie wartet, stellt der Sex ein paar ganz gute Fragen. — WOODY ALLEN

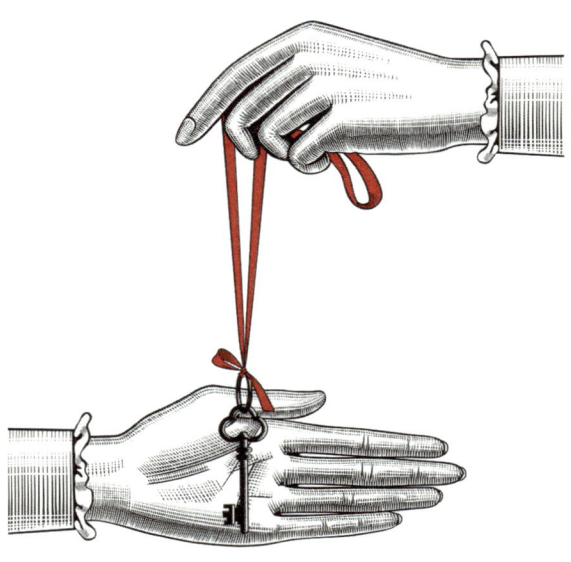

Lieben ist schwierig. Geliebt werden ermüdend. — CLAUDE ANET

Liebe: auch so ein Problem, das Marx nicht gelöst hat. — JEAN ANOUILH

LIEBE

Es ist viel leichter, für eine Frau, die man liebt, zu sterben, als mit ihr zu leben. — LORD BYRON

Die Liebe ist um vieles schöner, wenn man nicht verheiratet ist. — MARIA CALLAS

Liebe ist ein Käfig mit Gitterstäben aus Glück. — CLAUDIA CARDINALE

Die Liebe besteht zu drei Viertel aus Neugier. — GIACOMO CASANOVA

Die Liebe ist ein Versprechen, das nicht gehalten werden kann. — PAUL CLAUDEL

Frauen möchten in der Liebe Romane erleben, Männer Kurzgeschichten. — DAPHNE DU MAURIER

Wenn du zwei Menschen zur gleichen Zeit liebst, dann wähle den zweiten Menschen. Denn wenn du den ersten wirklich lieben würdest, hättest du dich nie in den zweiten verliebt. — JOHNNY DEPP

LIEBE

Die einzigen Geschöpfe, die weit genug entwickelt sind, um reine Liebe auszudrücken, sind Hunde und Kleinkinder. — JOHNNY DEPP

An Rheumatismen und an wahre Liebe glaubt man erst, wenn man davon befallen ist.
— MARIE VON EBNER-ESCHENBACH

Liebe ist von allen Krankheiten noch die gesündeste. — EURIPIDES

Liebe ist, wenn deine Neurosen zu den Neurosen deines Partners passen. — AMELIE FRIED

Liebe ist, lieber mit ihm als ohne ihn unglücklich zu sein. — KIM GROVE

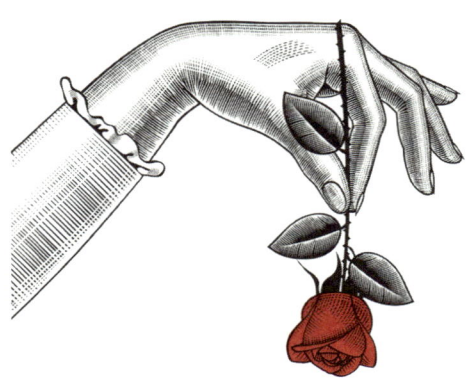

LIEBE

Liebe ist in Frankreich eine Komödie, in England eine Tragödie, in Italien eine Oper und in Deutschland ein Melodram.
— HEINRICH HEINE

Der Intellekt nützt Ihnen bei der Liebe nicht viel.
— ALEXANDER KLUGE

Was du liebst, lass frei. Kommt es zurück, gehört es dir für immer.
— KONFUZIUS

Geliebt zu werden kann eine Strafe sein. Nicht wissen, ob man geliebt wird, ist Folter.
— ROBERT LEMBKE

Sex ist nicht Liebe ... Liebe ist nicht Sex ... Aber es ist wie im siebenten Himmel, wenn beides zusammenkommt.
— MADONNA

Liebe ist, was sich zwischen Männern und Frauen abspielt, die sich nicht wirklich kennen.
— WILLIAM SOMERSET MAUGHAM

Liebe ist zeitweilige Blindheit für die Reize anderer Frauen.
— MARCELLO MASTROIANNI

LIEBE

Man liebt zuletzt seine Begierde, und nicht das Begehrte. — FRIEDRICH NIETZSCHE

Mitunter genügt schon eine stärkere Brille, um den Verliebten zu heilen. — FRIEDRICH NIETZSCHE

Was aus Liebe getan wird, geschieht immer jenseits von Gut und Böse. — FRIEDRICH NIETZSCHE

Ein Tropfen Liebe ist mehr als ein Ozean Verstand. — BLAISE PASCAL

Solang ein Weib liebt, liebt es in einem fort – ein Mann hat dazwischen zu tun. — JEAN PAUL

In der Liebe sind die Vorspeisen die eigentlichen Leckerbissen. — FRANÇOISE PERTURIER

LIEBE

Liebe ist eine schwere Geisteskrankheit.
— PLATON

Liebe heißt, auch den Kummer zu teilen, den man noch nicht hat.
— LISELOTTE PULVER

Die Genitalien suchen sich, und die Seelen glauben sich zu finden.
— ARTHUR SCHOPENHAUER

Liebe ist ein Kobold; Liebe ist ein Teufel; es gibt keinen böseren Engel als die Liebe.
— WILLIAM SHAKESPEARE

Liebe ist die Geschichte der Verfolgung des Mannes durch die Frau.
— GEORGE BERNARD SHAW

Wenn Liebe die Antwort ist, könnten Sie dann bitte die Frage noch einmal formulieren?
— LILY TOMLIN

Lieben heißt, keine Wahl zu haben.
— LIV ULLMANN

LIEBE Die größte Liebe ist immer die, die unerfüllt bleibt. — PETER USTINOV

Die Liebe ist ein Stoff, den die Natur gewebt und die Phantasie bestickt hat. — VOLTAIRE

Zur Liebe gehört Geduld und die Erkenntnis, dass man selber dem anderen heftig auf die Nerven geht. — GABRIELE WOHMANN

LIEBESBRIEF Die schönsten Liebesbriefe sind die geflüsterten. — SENTA BERGER

LIEBESSPIEL Beim Liebesspiel ist es wie beim Autofahren: Die Frauen bevorzugen die Umleitung, die Männer die Abkürzung. — JEANNE MOREAU

LIEBLING Liebling ist der Rufname für alle Frauen, deren Vorname uns im Augenblick nicht einfällt. — OLIVER HERFORD

LIEBHABER

Kratz an 'nem Liebhaber und du findest einen Feind. — DOROTHY PARKER

Männer lieben intensiver mit zwanzig, aber sie lieben besser mit dreißig.
— KATHARINA II. VON RUSSLAND

LITERATUR

In der Literatur geht es größtenteils um den Sex und nicht ums Kinderkriegen und Kinderhaben; im wirklichen Leben ist es genau umgekehrt. — DAVID LODGE

Glänzende Schuhe sind eine Wohltat, glänzende Literatur nicht. — WAYNE KOESTENBAUM

In der Literatur und in der Liebe erstaunt uns immer wieder die Wahl, die andere treffen. — ANDRÉ MAUROIS

LOB

Gegen Angriffe kann man sich wehren, gegen Lob ist man machtlos. — SIGMUND FREUD

Gewöhnlich lobt man bloß, um gelobt zu werden. — FRANÇOIS LA ROCHEFOUCAULD

LÖSUNG Suche nicht nach Fehlern, suche nach Lösungen. — HENRY FORD

LOGIK Die Logik der Frauen beruht auf der Überzeugung, dass nichts unmöglich ist. — MAURICE CHEVALIER

Die Logik ist weder eine Wissenschaft noch eine Kunst, sondern eine Ausflucht. — BENJAMIN JOWETT

Was Logik ist, liegt in der Betrachtung desjenigen, der sie vertritt. — GLORIA STEINEM

LÜGEN Lügen ist bei einem Liebhaber eine Kunst, bei einem Junggesellen ein Talent und bei einer verheirateten Frau eine zweite Natur. — HELEN ROWLAND

Männer, die behaupten, sie seien die uneingeschränkten Herren im Haus, lügen auch bei anderer Gelegenheit. — MARK TWAIN

Lügen haben kurze Beine, viele Frauen auch, das beweist also nichts. — KURT TUCHOLSKY

Der Bau von Luftschlössern kostet nichts, aber ihre Zerstörung ist sehr teuer.

— FRANÇOIS MAURIAC

LUFTSCHLOSS

Ich war der beste, den ich jemals hatte.

— WOODY ALLEN

LUST

Wen schert die ewige Verdammnis, dem in einer Sekunde unendliche Lust widerfuhr?

— CHARLES BAUDELAIRE

Ich habe Lust auf eine Million Männer – aber nicht alle auf einmal. — MAE WEST

Luxus ist das, was man haben muss, wenn man alles andere schon gehabt hat. — DINAH BLAKE

LUXUS

MACHO **Machos sind Männer, die gegen das kleine Mädchen ankämpfen, das in ihnen steckt.**
— HERB GOLDBERG

MACHT Die Macht hat stets, wer zahlt.
— BERTOLT BRECHT

Der Mächtigere in einer Beziehung ist immer der, welcher weniger liebt. — ELEONORA DUSE

Es gibt zwei Sorten von Frauen: diejenigen, die in der Welt Macht ausüben wollen, und diejenigen, die im Bett Macht ausüben wollen.
— JACQUELINE KENNEDY ONASSIS

MÄDCHEN Die guten Mädchen sind es, die Tagebuch schreiben; die bösen haben keine Zeit dazu.
— TALLULAH BANKHEAD

Gute Mädchen kommen in den Himmel, böse überall hin. — UTE EHRHARDT

Es gibt zweierlei Mädchen: die einen, die Pullover stricken, und die anderen, die sie ausfüllen. — DALIAH LAVI

MÄDCHEN

Wie schön, wenn ein Mädchen seine gute Erziehung vergisst. —— KARL KRAUS

Es gibt keine guten Mädchen, die vom rechten Weg abkommen, nur schlechte Mädchen, die erwischt werden. —— MAE WEST

MÄNNLICHKEIT

Niemand ist den Frauen gegenüber aggressiver oder herablassender als ein Mann, der seiner Männlichkeit nicht ganz sicher ist.
—— SIMONE DE BEAUVOIR

MAKE-UP

Ein gutes Make-up ist ein Flirt zwischen Chemie und Malerei. —— ESTHER MITCHELL

Make-up ist die Kunst, sich selber zu plakatieren. —— OLGA TSCHECHOWA

MANIEREN

Toleranz: Die Fehler der anderen entschuldigen. Takt: Sie gar nicht erst bemerken.
—— ARTHUR SCHNITZLER

MANN

Männer sind zwar oft so jung, wie sie sich fühlen, aber niemals so bedeutend.
—— SIMONE DE BEAUVOIR

MANN

Wenn du weißt, dass die meisten Männer wie Kinder sind, weißt du alles. — COCO CHANEL

Der Mann ist ein notwendiges Übel, wobei die Betonung mehr auf Übel als auf notwendig liegt. — YVETTE COLLINS

Selten ist ein Mann so gut in Stimmung wie dann, wenn er von sich selbst erzählt. — MARLENE DIETRICH

Männer wollen immer nur ihr Ding reinstecken. Das ist alles, was sie wollen. — MARLENE DIETRICH

Ein Mann ändert eher das Antlitz der Erde als seine Gewohnheiten. — ELEONORA DUSE

Natürlich muss man die Männer nehmen, wie sie sind. Aber man darf sie nicht so sein lassen. — ZSA ZSA GABOR

Ich will einen Mann, der nett und verständnisvoll ist. Ist das zuviel verlangt von einem Millionär? — ZSA ZSA GABOR

Ich liebe Männer, so wie andere Leute gutes Essen oder guten Wein. — GERMAINE GREER

MANN

Die richtigen Männer sind entweder schon verheiratet oder sie arbeiten zuviel.
— JULIETTE GRÉCO

Es ist nicht so sehr die Frage, ob man sich für einen Mann entscheiden soll oder nicht – es ist die Frage, was man nun mit all den anderen tun soll. — PATRICIA HENLEY

Männer sind zu allem fähig, aber zu nichts zu gebrauchen. — IRMGARD KEUN

Ein Mann ist in den besten Jahren, wenn er kaum noch gute zu erwarten hat.
— JACK LEMMON

MANN

Das schöne daran, vierzig zu sein, ist, dass man fünfundzwanzigjährige Männer viel mehr zu schätzen weiß. — COLLEEN MCCULLOUGH

Die Männer sagen immer wieder dasselbe, aber Gott sei Dank immer wieder zu einer anderen Frau. — JEANNE MOREAU

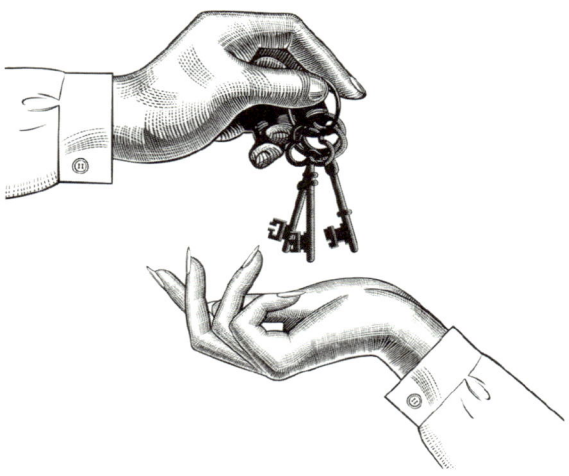

Männer, die sich das Rauchen abgewöhnt haben, sind mir unheimlich. Vielleicht gewöhnen sie sich eines Tages auch die Liebe ab. — JEANNE MOREAU

Ein Mann fühlt sich erst dann von einer Frau verstanden, wenn sie ihn bewundert. — KIM NOVAK

MANN

Der Mann steht im Mittelpunkt und somit auch im Wege. — PABLO NERUDA

Wenn die Frauen nicht wären, würden die Männer noch in den Bäumen leben. — MARILYN PETERSON

In dem Moment, wo du einen Mann anlügst, hörst du auf, ihm zu vertrauen. — MICHELINE PRESLE

Ich mag Männer, die sich wie Männer benehmen – stark und kindisch. — FRANÇOISE SAGAN

In den Augen eines jungen Mädchens gleicht ein verheirateter Mann einem Lotterielos nach der Ziehung. — ROMY SCHNEIDER

Männer beherrschen die Welt, und das ist der Grund, weshalb es so ein beschissenes Durcheinander gibt. — STING

Nette Männer sind nie gut darin, ein Taxi zu erwischen. — KATHARINE WHITEHORN

MANN

Männer haben einen sehr sicheren Geschmack – sie wünschen sich immer eine andere Frau, als sie gerade haben. — BARBRA STREISAND

Eines hat die Politik mich gelehrt: Männer sind weder das gelungene noch das vernünftige Geschlecht. — MARGARET THATCHER

Der Mann ist dann eine starke Persönlichkeit, wenn er eine Sekunde zögert, bevor er seiner Frau immer recht gibt. — GLORIA THOMPSON

Viele erfolgreiche Männer haben keinerlei sichtbare Qualifikationen außer der, keine Frau zu sein. — VIRGINIA WOOLF

Für mich zählen nicht die Männer in meinem Leben, sondern das Leben in meinen Männern. **MANN**
— MAE WEST

Immer wird es Eskimos geben, die den Eingeborenen von Belgisch-Kongo Verhaltensmaßregeln für die Zeit der großen Hitze geben. **MASSREGELN**
— STANISLAW JERZY LEC

Die Erforschung der Krankheiten hat so große Fortschritte gemacht, dass es immer schwerer wird, einen Menschen zu finden, der völlig gesund ist. **MEDIZIN**
— ALDOUS HUXLEY

Die Fortschritte der Medizin sind ungeheuer. Man ist sich seines Tods nicht mehr sicher.
— HANNS-HERMANN KESTEN

Die Medizin: Geld her und Leben!
— KARL KRAUS

Eine Mehrheit ist immer die schlagfertigste Antwort. **MEHRHEIT**
— BENJAMIN DISRAELI

Nichts ist widerwärtiger als die Majorität.
— JOHANN WOLFGANG VON GOETHE

MEINUNG Wenn ein Mann seine Meinung sagt, ist er ein Mann. Wenn eine Frau ihre Meinung sagt, ist sie ein Miststück. — BETTE DAVIS

Nichts kann mehr zu einer Seelenruhe beitragen, als wenn man gar keine Meinung hat. — GEORG CHRISTOPH LICHTENBERG

Ins geistige Abenteuer nimmt man den Regenschirm der Meinung mit. — RICHARD SCHAUKAL

Der Mensch ist das einzige Lebewesen, das von sich eine schlechte Meinung hat. — GEORGE BERNARD SHAW

MELANCHOLIE Ein melancholischer Freund ist eine Plage Gottes. — HEINRICH HEINE

Melancholie ist das Vergnügen, traurig zu sein. — VICTOR HUGO

Was ist Melancholie? Heimweh nach sich selbst. — ANTON KUH

MENSCH

Es gibt drei Sorten von Menschen: solche, die sich zu Tode sorgen, solche, die sich zu Tode arbeiten, und solche, die sich zu Tode langweilen. —— WINSTON CHURCHILL

Die Menschen sind, wenn überhaupt etwas, dann von Geburt an ungleich. —— MAGNUS HIRSCHFELD

Man kann die Menschen nicht bessern, man kann ihnen nur immer mehr verbieten. —— GEORG KAISER

Der Mensch ist das einzige Wesen, das im Fliegen eine warme Mahlzeit zu sich nehmen kann. —— LORIOT

Ich glaube von jedem Menschen das Schlechteste, selbst von mir, und ich hab' mich noch selten getäuscht. —— JOHANN NESTROY

Das ganze Unglück der Menschen rührt allein daher, dass sie nicht ruhig in einem Zimmer zu bleiben vermögen. —— BLAISE PASCAL

MENSCH Der Mensch ist das einzige Tier, das lacht und eine Staatsverfassung hat. — SAMUEL BUTLER

Vier Beine gut, zwei Beine schlecht.
— GEORGE ORWELL

MIDLIFE CRISIS Ein Mann in der Midlife Crisis gleicht einem Kind, das zu Ostern noch Weihnachtsgeschenke erwartet. — HEDDA HOPPER

MILLIARDÄR Man ist kein Milliardär, wenn man seine Millionen noch zählen kann. — JEAN-PAUL GETTY

MINDER-WERTIGKEIT Niemand kann dich ohne dein Einverständnis dazu bringen, dich minderwertig zu fühlen.
— ELEANOR ROOSEVELT

MISSSTIMMUNG Manche Missstimmung von Frauen, der auch beste Psychiater nicht beizukommen vermögen, kann schon ein mittelmäßiger Friseur beseitigen.
— MARY MCCARTHY

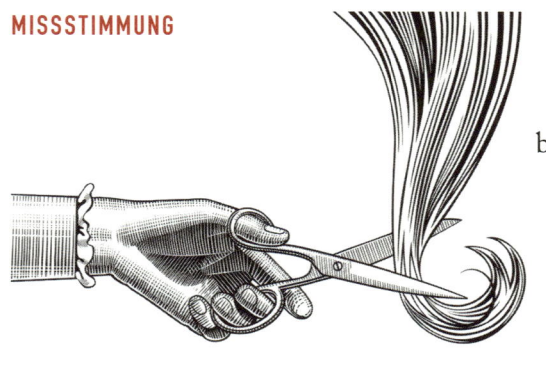

MISTSTÜCK

Ich bin zäh und ehrgeizig, und ich weiß genau, was ich will. Wenn ich deshalb ein Miststück bin – okay! — MADONNA

MITBRINGEN

Ein Onkel, der Gutes mitbringt, ist besser als eine Tante, die bloß Klavier spielt. — WILHELM BUSCH

MITLEID

Mitleid ist das tödlichste Gefühl, das man einer Frau anbieten kann. — VICKI BAUM

MITTELMASS

Die übliche Ballungszone des menschlichen Geistes. — JULIO CORTÁZAR

Die einzige Sünde ist Mittelmäßigkeit. — MARTHA GRAHAM

Nur ein mittelmäßiger Mensch ist immer in Hochform. — WILLIAM SOMERSET MAUGHAM

MODE

Mode ist die bereitwillige Bejahung der rätselhaften Tatsache, dass heute etwas schön ist, was gestern hässlich war und morgen unerträglich sein wird. — SENTA BERGER

MODE Die Mode ist eine Vergnügungssteuer, die mindestens zweimal jährlich fällig wird.
— FRANÇOISE SAGAN

Mode ist eine bewusst ausgelöste Emidemie.
— GEORGE BERNARD SHAW

Mode ist eine so unverträgliche Form der Hässlichkeit, dass wir sie alle sechs Monate ändern müssen.
— OSCAR WILDE

MONOGAMIE Wir Frauen verlieben uns immer in den gleichen Typ von Mann. Das ist unsere Form der Monogamie.
— LAUREN BACALL

MORAL Das Gute – dieser Satz steht fest – ist stets das Böse, was man lässt.
— WILHELM BUSCH

MORAL

Moral ist gut, Erbschaft ist besser.
— THEODOR FONTANE

Man traue keinem erhabenen Motiv für eine Handlung, wenn sich auch ein niedriges finden lässt.
— EDWARD GIBBON

Es gibt nichts Gutes, außer man tut es.
— ERICH KÄSTNER

Um die Moral zu haben, muss man die Ansprüche senken.
— STANISLAW JERZY LEC

Moral ist, wenn man so lebt, dass es gar keinen Spaß macht, so zu leben.
— EDITH PIAF

Es gibt zwei Arten von Moral: eine, die man predigt, und eine, die man anwendet.
— BERTRAND RUSSELL

Ich finde, Moral ist nur ein Wort, das das Verhalten beschreibt, das gerade modern ist.
— SALLY STANFORD

MORAL   Der Zustand der gesamten menschlichen Moral lässt sich in zwei Sätzen zusammenfassen: We ought to. But we don't. — KURT TUCHOLSKY

Die Moral ist immer die letzte Zuflucht der Leute, welche die Schönheit nicht begreifen. — OSCAR WILDE

MUSIK   Ich verstehe nichts von Musik. In meinem Fach ist das nicht nötig. — ELVIS PRESLEY

Die Hölle ist bevölkert von Amateurmusikern. — GEORGE BERNARD SHAW

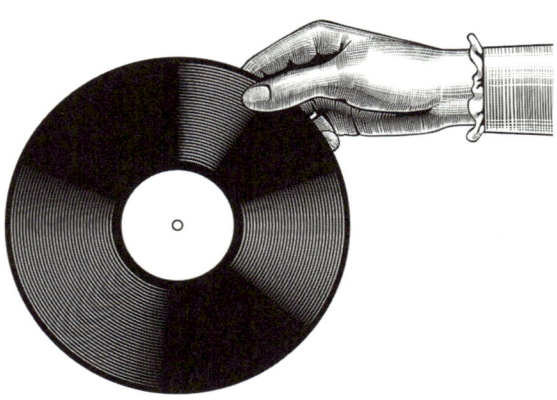

Musik verursacht einem so romantische Gefühle – zumindest geht sie einem immer auf die Nerven. — OSCAR WILDE

MUT

Manchmal braucht man viel Mut, kein Held zu werden. — GABRIEL LAUB

Mut ist nichts anderes als die Angst, die man nicht zeigt. — SERGIO LEONE

MUTTER

Mütter sind stolzer auf ihre Kinder als Väter, da sie sicherer sein können, dass es ihre eigenen sind. — ARISTOTELES

Frauen, die nicht rechnen können, nennt man Mutter. — ABIGAIL VAN BUREN

Mütter vergessen gerne, dass die Nabelschnur schon mit der Geburt getrennt wird. — VERA CASPAR

Ich habe nie in meinem Leben eine Frau geschlagen, nicht mal meine Mutter. — W. C. FIELDS

Irgendwann müssen unsere Kinder lernen, dass auch ihre Mütter Gefühle haben. — LIBBY PURVES

MUTTER

Mutterschaft ist eher eine Arbeitsplatzbeschreibung als eine Sache des Geschlechts.

— LIBBY PURVES

Meine Mutter hatte einen Haufen Ärger mit mir, aber ich glaube, sie hat es genossen.

— MARK TWAIN

Solange eine Frau zehn Jahre jünger aussehen kann als ihre eigene Tochter, ist sie völlig zufrieden.

— OSCAR WILDE

NACHBAR Wozu leben wir, wenn nicht, um unseren Nachbarn Anlass zum Lachen zu geben und dafür, umgekehrt, über sie zu lachen?
— JANE AUSTEN

NACKT Ich würde eher total nackt tanzen, als so aufreizend halb angezogen durch die Straßen zu stolzieren, wie viele Amerikanerinnen es heutzutage tun. — ISADORA DUNCAN

Es stimmt nicht, dass ich nackt war. Ich hatte das Radio an. — MARILYN MONROE

NÄCHSTENLIEBE Liebe deinen Nächsten wie dich selbst – aber was tun, wenn man sich selbst nicht ausstehen kann? — ACHIM BALLERT

Die Bibel lehrt uns, unsere Nachbarn zu lieben und auch unsere Feinde. Wahrscheinlich weil es häufig die gleichen Personen sind.
— GILBERT KEITH CHESTERTON

Unter Nächstenliebe verstehen manche Männer die Liebe zur nächsten Frau.
— ERIKA PLUHAR

Wenn keine Narren auf der Welt wären, was wäre dann die Welt?
— JOHANN WOLFGANG VON GOETHE

NARR

Jede Nation spottet über die andere, und alle haben recht.
— ARTHUR SCHOPENHAUER

NATION

Der Nationalismus kann gewaltig sein. Niemals groß.
— STANISLAW JERZY LEC

NATIONALISMUS

Die Natur will, dass wir wieder verschwinden.
— ROMAN SIGNER

NATUR

Wir meinen die Natur zu beherrschen, aber wahrscheinlich hat sie sich nur an uns gewöhnt.
— KARL HEINRICH WAGGERL

Der Neid ist die aufrichtigste Form der Anerkennung.
— WILHELM BUSCH

NEID

Der Neid ist meistens eine Nummer größer als der Fleiß.
— PETER WECK

NERVEN-
ZUSAMMENBRUCH
Eines der Symptome eines sich ankündigenden Nervenzusammenbruchs ist die Empfindung, dass die eigene Arbeit etwas ganz schrecklich Wichtiges sei. — BERTRAND RUSSELL

NETT
Ich will nicht, dass die Leute nett sind. Dann brauche ich sie auch nicht zu mögen.
— JANE AUSTEN

NEUGIER
Neugier ist die gespannte Angst, dass es Wunder geben könnte. — ANTON KUH

NICHTS
Die Welt ist nichts, Gott ist nichts. Ich bin auch nichts. Das macht aber nichts.
— MAX STIRNER

NIVEAU
Was gibt es Schöneres, als mit einem jungen Mann und einem alten Rotwein gemeinsam die Schwelle des gehobenen Niveaus zu verlassen? — STEPHANIE WERGER

NÜCHTERNHEIT
Die Nüchternheit des Morgens ist nur eine negative Trunkenheit. — JEAN PAUL

ÖFFENTLICHE MEINUNG

Die öffentliche Meinung gleicht einem Schlossgespenst: Niemand hat es je gesehen, aber alle lassen sich von ihm terrorisieren.

— SIGMUND GRAFF

OPER

Oper ist, wenn jemand in den Rücken gestochen wird und – anstatt zu bluten – er anfängt zu singen.

— ROBERT BENCHLEY

OPPORTUNISMUS

Im Schatten der Macht wachsen die Opportunisten.

— ALFRED GROSSER

Opportunismus ist die Kunst, mit dem Wind zu segeln, den andere machen.

— CARLO MANZONI

OPTIMISMUS

Ein Optimist ist ein Mensch, der ein Dutzend Austern bestellt, in der Hoffnung, sie mit der Perle, die er darin findet, bezahlen zu können.

— THEODOR FONTANE

Wo die Fähigkeiten enden, beginnt der Optimismus.

— KURT TACHMANN

Nur kleine Geister halten Ordnung, Genies überblicken das Chaos. — ALBERT EINSTEIN

ORDNUNG

Originalität ist etwas, was man nie mit Absicht erreicht. — WILLIAM SOMERSET MAUGHAM

ORIGINALITÄT

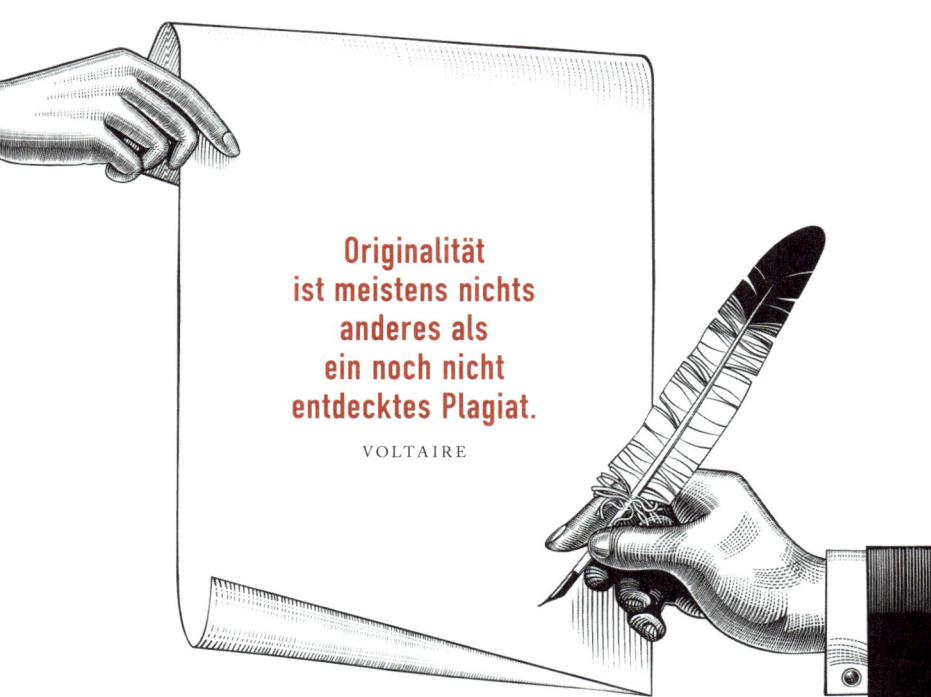

Originalität ist meistens nichts anderes als ein noch nicht entdecktes Plagiat.
VOLTAIRE

PAPIERKORB	Der Papierkorb ist der beste Freund des Schriftstellers. — ISAAC B. SINGER
PARADIES	Das Paradies pflegt sich erst dann als Paradies zu erkennen zu geben, wenn wir daraus vertrieben wurden. — HERMANN HESSE
PARADOX	Paradox ist, wenn sich jemand im Handumdrehen den Fuß bricht. — UNBEKANNT
PARIS	Wenn der liebe Gott sich im Himmel langweilt, dann öffnet er das Fenster und betrachtet die Boulevards von Paris. — HEINRICH HEINE
PARKEN	Frauen arbeiten heutzutage als Jockeys, stehen Firmen vor und forschen in der Atomphysik. Warum sollten sie irgendwann nicht auch rückwärts einparken können? — BILL VAUGHAN

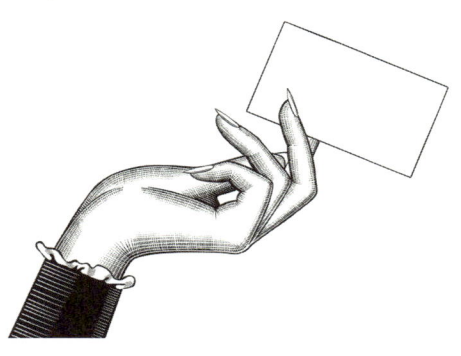

PARTY

Meistens steht man erst, wenn man gegangen ist, im Mittelpunkt einer Party.
— ZSA ZSA GABOR

Niemand trägt auf einer Party so viel zur Unterhaltung bei wie die, die gar nicht da sind.
— AUDREY HEPBURN

Wenn Sie über niemanden etwas Nettes sagen können, dann setzen Sie sich neben mich.
— ALICE ROOSEVELT LONGWORTH

PESSIMIST

Pessimisten sind auch nur Menschen, die enttäuscht werden wollen.
— FRANK FELDMAN

Ein Pessimist ist ein Mensch, der sich über schlechte Nachrichten freut, weil sie ihm recht geben.
— HEINZ RÜHMANN

Pessimist ist jemand, der unter mehreren Übeln keines missen möchte.
— MAXIMILIAN SCHELL

PHANTASIE

Die Phantasie des Mannes ist die beste Waffe der Frau.
— SOPHIA LOREN

PHANTASIE   Phantasie haben doch nur die Geschäftsleute, wenn sie nicht zahlen können.
— KURT TUCHOLSKY

PHILOSOPHIE   Der erste Schritt zur Philosophie ist der Unglaube. — DENIS DIDEROT

Ich habe eine einfache Philosophie: Mach voll, was leer ist. Mach leer, was voll ist. Kratze dich, wo es juckt. — ALICE ROOSEVELT LONGWORTH

PLANUNG   Planung bedeutet, den Zufall durch den Irrtum zu ersetzen. — PETER USTINOV

PLAYBOY   Ein Playboy ist ein Mann, der nie einen Roman, sondern immer nur Kurzgeschichten erlebt. — ERIKA PLUHAR

POESIE   Sich durch Poesie ruiniert zu haben ist eine Ehre. — OSCAR WILDE

POLITIK   Weil Politiker nie glauben, was sie sagen, sind sie überrascht, wenn andere ihnen glauben.
— CHARLES DE GAULLE

Politik ist der Spielraum, den die Wirtschaft ihr lässt. — DIETER HILDEBRANDT

POLITIK

Nächste Woche darf es keine Krise geben – mein Terminplan ist bereits voll.
— HENRY KISSINGER

Auch mit einer Umarmung kann man einen politischen Gegner handlungsunfähig machen.
— NELSON MANDELA

Mir ist ein Präsident lieber, der's mit Frauen treibt, als einer, der's mit seinem Land treibt.
— SHIRLEY MACLAINE

POLITIK   Wenn in der Politik etwas gesagt werden soll, fragt man einen Mann. Wenn etwas getan werden soll, fragt man eine Frau.
— MARGARET THATCHER

Mir ist gleichgültig, wieviel meine Minister reden – solange sie tun, was ich sage.
— MARGARET THATCHER

Politik ist die Kunst, die Leute daran zu hindern, sich um das zu kümmern, was sie angeht.
— PAUL VALÉRY

POPULARITÄT   Ich bin schon so populär, dass einer, der mich beschimpft, populärer wird als ich.
— KARL KRAUS

PROBLEM   Probleme kann man niemals mit derselben Denkweise lösen, durch die sie entstanden sind.
— ALBERT EINSTEIN

PROBLEM

Probleme sind Gelegenheiten zu zeigen, was man kann. — DUKE ELLINGTON

Wir sollten nicht versuchen unsere Probleme zu lösen, sondern versuchen uns von den Problemen zu lösen. — KIRPAL SINGH

PROMINENZ

Prominent ist man, wenn man erst aus den Klatschspalten erfährt, was man in nächster Zeit vorhat. — ANNA MOFFO

PROSTITUTION

Als pervers und liederlich gelten die Mädchen, die von ihrem Körper leben, nicht aber die Männer, die sich ihrer bedienen. — SIMONE DE BEAUVOIR

PROVOKATION

Wer interessieren will, muss provozieren. — SALVADOR DALÍ

PRÜFUNG

In Prüfungen stellen die Dummen Fragen, welche die Klugen nicht beantworten können. — OSCAR WILDE

PSYCHIATER   Ein Psychiater ist ein Mann, der sich keine Sorgen zu machen braucht, solange andere Menschen sich welche machen. — KARL KRAUS

Wie könnte ich einen völlig Fremden auf der Bettkante meiner Seele ertragen? — VLADIMIR NABOKOV

PSYCHOANALYSE   Psychoanalyse ist die Geisteskrankheit, für deren Therapie sie sich hält. — KARL KRAUS

PÜNKTLICHKEIT   Wenn eine Frau pünktlich ist, hat sie sich in der Zeit geirrt. — ILONA BODDEN

Pünktlichkeit stiehlt uns die beste Zeit. — OSCAR WILDE

PUTZEN   Putzen ist irre gefährlich. Fast jeder Mann ist schon mal über seine putzende Frau in der Küche gestolpert. — HARALD SCHMIDT

RACHE Zeit seines Lebens träumt man von Rache.
— PAUL GAUGUIN

RAT Man muss immer die klugen Leute um Rat fragen und das Gegenteil von dem tun, was sie raten, dann kann man es weit in der Welt bringen. — HEINRICH HEINE

Die Leute haben mir tausend Ratschläge gegeben, was ich als First Lady alles tun müsste. Und ich habe nicht einen davon befolgt.
— JACQUELINE KENNEDY ONASSIS

Eine Frau, die so klug ist, den Rat eines Mannes einzuholen, wird bestimmt nicht so dumm sein, ihn auch zu befolgen.
— ELSA MAXWELL

RAUCHEN

Es ist ganz leicht, sich das Rauchen abzugewöhnen: ich habe es schon hundert Mal geschafft. — MARK TWAIN

REALISMUS

Wer seinen besten Wein für eine bessere Gelegenheit aufbewahrt, ist ein Optimist – ein Pessimist trinkt ihn sicherheitshalber gleich. Ein Realist dagegen trinkt seinen besten Wein überhaupt nicht – er schenkt ihn seinem Chef. — GABRIEL LAUB

Wenn man Geld, das man nicht hat, ausgibt, ist das Realismus. — MANFRED ROMMEL

REALITÄT

Ein Blick in die Welt beweist, dass Horror nichts anderes ist als Realität. — ALFRED HITCHCOCK

RECHT

Wer das Recht mit Füßen tritt, steht selten fest auf den Beinen. — STANISLAW JERZY LEC

Wenn du weißt, dass du im Recht bist, ist es dir egal, was die anderen denken. Du weißt, dass früher oder später alles rauskommen wird. — BARBARA MCCLINTOCK

RECHT Die Männer haben oft recht, aber die Frauen behalten recht – das ist viel wichtiger.
— JEANNE MOREAU

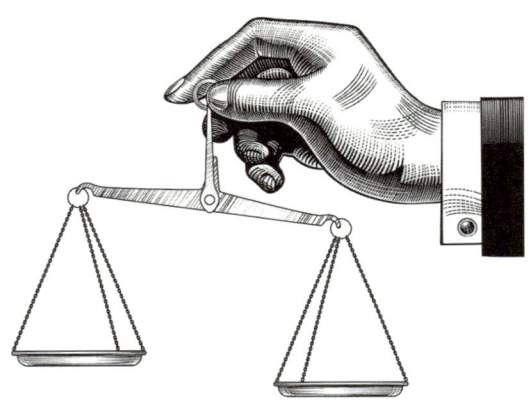

REDE Eine gute Rede ist eine Ansprache, die das Thema erschöpft, aber keineswegs die Zuhörer.
— WINSTON CHURCHILL

Das Gegenteil von Reden ist nicht etwa Zuhören. Das Gegenteil von Reden ist Warten.
— FRAN LEBOWITZ

Um eine gut improvisierte Rede halten zu können, braucht man mindestens drei Wochen.
— MARK TWAIN

REGIERUNG

Regierung ist die Kunst, Probleme zu schaffen, mit deren Lösung man dann das Volk in Atem hält.
— EZRA POUND

REICH

Wenn eine Frau die Wahl zwischen Liebe und Reichtum hat, versucht sie immer, beides zu wählen.
— MARCEL ACHARD

Leute, die Geld haben, werden von der Polizei entweder geschützt oder gesucht.
— FRITZ DE CRIGNIS

Mein Problem liegt darin, meinen aufwendigen Lebensstil mit meinem Nettoeinkommen in Einklang zu bringen.
— ERROL FLYNN

Reich ist man dann, wenn man nicht mehr weiß, wozu man sein Geld verdient.
— FRANK SINATRA

Reich ist man erst dann, wenn man sich in seiner Bilanz um einige Millionen Dollar irren kann, ohne das es auffällt.
— JEAN PAUL GETTY

REICH   Ein reicher Mann ist häufig bloß ein armer Mann mit sehr viel Geld.
— ARISTOTELES ONASSIS

Die Reichen haben eine ebenso lebhafte wie unbegreifliche Leidenschaft für Sonderangebote. — FRANÇOISE SAGAN

Es muss doch mehr im Leben geben, als alles zu besitzen. — MAURICE SENDAK

REISEN   Nach Ägypten wär's nicht so weit. Aber bis man zum Südbahnhof kommt.
— KARL KRAUS

RELATIVITÄT   Wenn man zwei Stunden lang mit einem netten Mädchen zusammensitzt, meint man, es wäre eine Minute. Sitzt man jedoch eine Minute auf einem heißen Ofen, meint man, es wären zwei Stunden. Das ist Relativität.
— ALBERT EINSTEIN

RENDEZVOUS   **Eine Frau, die pünktlich zum Rendezvous kommt, ist auch sonst nicht sehr zuverlässig.** — JULIETTE GRÉCO

Die edelste Nation unter allen Nationen ist die Resignation. — JOHANN NESTROY

RESIGNATION

Reue ist der feste Vorsatz, beim nächsten Mal keine Fingerabdrücke zu hinterlassen. — MARCEL ACHARD

REUE

Reue ist eine nachträglich entrichtete Vergnügungssteuer. — SENTA BERGER

Im Alter bereut man vor allen die Sünden, die man nicht begangen hat. — WILLIAM SOMERSET MAUGHAM

Es ist bekannt, dass der radikalste Revolutionär am Tag nach der Revolution ein Konservativer wird. — HANNAH ARENDT

REVOLUTION

REVOLUTION

Revolution in Deutschland? Das wird nie etwas, wenn diese Deutschen einen Bahnhof stürmen wollen, kaufen die sich vorher noch eine Bahnsteigkarte! — WLADIMIR ILJITSCH LENIN

Wegen ungünstiger Witterung fand die deutsche Revolution in der Musik statt.
— KURT TUCHOLSKY

Neinsagen ist die knappste Form, wie man Revolution macht. — PETER ZADEK

ROCKMUSIK

In der Rockmusik gehts nur um Schwänze und Testosteron. Ich höre mir eine Band an, ich will mit den Typen vögeln – so ist es doch. Ist schon immer so gewesen. — COURTNEY LOVE

ROMAN

Ich kann nicht verstehen, wie jemand ein Jahr vergeudet, um einen Roman zu schreiben, wenn er an jeder Ecke einen für ein paar Dollar kaufen kann. — FRED ALLEN

Das ist kein Roman, den man leichtfertig beiseite legen sollte. Man sollte ihn mit aller Kraft wegschmeißen. — DOROTHY PARKER

Es gibt drei Regeln, wie man einen Roman schreibt. Unglücklicherweise weiß niemand, wie sie lauten. — WILLIAM SOMERSET MAUGHAM

ROMAN

Jedermann kann einen dreibändigen Roman schreiben. Dazu bedarf es nur völliger Unkenntnis des Lebens und der Literatur.
— OSCAR WILDE

Ich bin das Mädchen, das seinen guten Ruf verloren und nie vermisst hat. — MAE WEST

RUF

SARKASMUS Sarkasmus ist die stärkste Waffe des schwächsten Verstandes. — ALAN AYCKBOURN

SCHAUSPIELER Sie beherrschen die ganze Skala der Gefühle. Von A bis B. — DOROTHY PARKER

Schauspielern ist lediglich die Kunst, eine große Gruppe von Leuten vom Husten abzuhalten. — RALPH RICHARDSON

In Hollywood werden Filme gemacht, die länger dauern als manche Schauspielerehe. — BARBRA STREISAND

Der Haken in der Ehe mit einem Schauspieler ist, dass er dich zärtlich in die Arme nimmt und dir dann erzählt, was für ein Prachtkerl er ist. — SHELLEY WINTERS

SCHEIDUNG Eine Heirat geht ja furchtbar schnell, aber die Scheidung ist immer so zeitraubend. — BRIGITTE BARDOT

Wozu heiraten, wenn es die Möglichkeit der Scheidung gibt? — CATHERINE DENEUVE

Sich scheiden zu lassen, nur weil man einen Mann nicht liebt, ist beinahe genauso dumm wie zu heiraten, weil man es tut.

— ZSA ZSA GABOR

SCHEIDUNG

Einen Mann lernt man erst richtig kennen, wenn man sich von ihm scheiden lässt.

— ZSA ZSA GABOR

In unserer Familie lassen wir uns nicht von den Männern scheiden – wir begraben sie.

— RUTH GORDON

Scheidung ist ein Spiel unter Rechtsanwälten.

— CARY GRANT

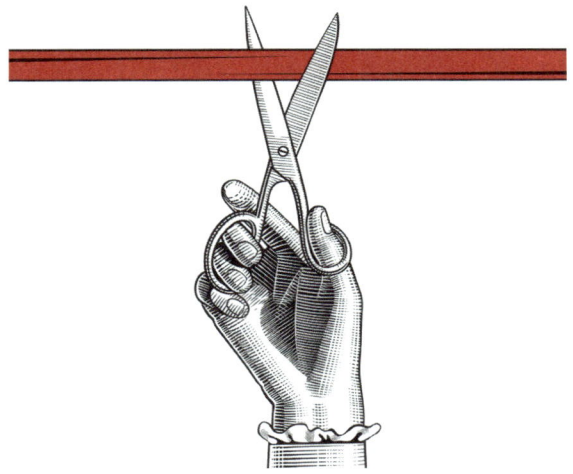

SCHEIDUNG   Die Scheidung ist die Korrektur eines tragischen Irrtums. — LORIOT

SCHICKSAL   Einmal auf der Welt, und dann ausgerechnet als Klempner in Detmold! — CHRISTIAN DIETRICH GRABBE

Das Schicksal mischt die Karten, und wir spielen. — ARTHUR SCHOPENHAUER

Das Schicksal wird schon seine Gründe haben. — VOLTAIRE

SCHICKSAL

Die Menschen werfen alle ihre Dummheiten auf einen Haufen, konstruieren ein Ungeheuer und nennen es Schicksal. — THOMAS HOBBES

SCHLAF

Meine Mutter meinte, es sei ganz einfach, einen Mann zu halten: Du musst im Wohnzimmer Zimmermädchen sein, Köchin in der Küche und eine Hure im Schlafzimmer. Ich habe ihr geantwortet, ich würde für die ersten beiden Jobs jemanden einstellen und mich nur um die Sache mit dem Schlafzimmer kümmern. — JERRY HALL

Sieh zu, dass du genug Schlaf bekommst und genug Sex. Wenn du von beiden nicht genug bekommst, wird man dir das bald am Gesicht ansehen. — KIM HUME

Kein Tag kann so schlimm verlaufen, dass nicht mit einem Nickerchen alles wieder in Ordnung zu bringen wäre. — CARRIE SNOW

Wenn ich nicht schlafen kann, zähle ich nicht Schäfchen, sondern meine Liebhaber. Und wenn ich bei 38 oder 39 bin, bin ich eingeschlafen. — GLORIA SWANSON

SCHLAF	Wer schläft, sündigt nicht. Wer vorher sündigt, schläft besser. —— GIACOMO CASANOVA
SCHLAG-FERTIGKEIT	Schlagfertig ist jede Antwort, die so klug ist, dass der Zuhörer wünscht, er hätte sie gegeben. —— ELBERT HUBBARD
	Schlagfertigkeit ist etwas, worauf man erst 24 Stunden später kommt. —— MARK TWAIN
SCHLANK	Der beste Ansporn für das Schlankbleiben ist das Photo einer dick gewordenen Rivalin. —— DEBBIE REYNOLDS
SCHLUSS	Der Mann weiß nicht, wie er Schluss machen soll. Die Frau weiß nicht, wann sie Schluss machen soll. —— HELEN ROWLAND
SCHNÄPPCHEN	Ein Schnäppchen ist etwas, das man nicht braucht, zu einem Preis, dem man nicht widerstehen kann. —— FRANKLIN JONES
SCHÖNHEIT	Frauen machen sich nicht schön, um Männern zu gefallen. Sie tun es, um andere Frauen zu ärgern. —— MARCEL AYMÉ

Es ist gut, dass Schönheit nur oberflächlich ist, sonst wäre ich durch und durch abscheulich.
— PHYLLIS DILLER

SCHÖNHEIT

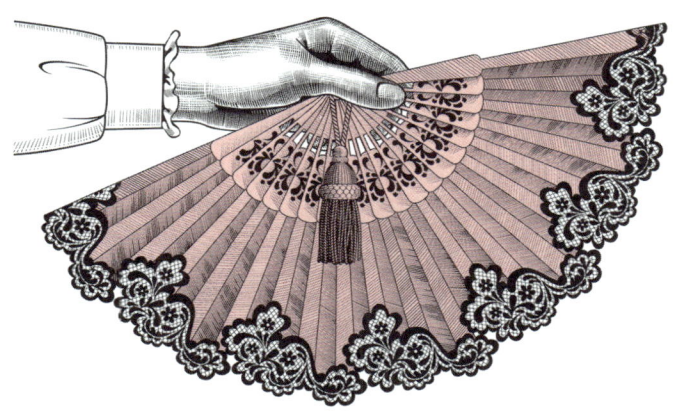

Die Schönheit brauchen wir Frauen, damit die Männer uns lieben, die Dummheit, damit wir die Männer lieben. — COCO CHANEL

Es gibt Frauen, die nicht schön sind, sondern nur so aussehen. — KARL KRAUS

Frauen tun für ihr Äußeres Dinge, für die Gebrauchtwagenhändler ins Gefängnis kämen.
— NICK NOLTE

SCHÖNHEIT Alles Schöne ist schief. — GÜNTER GRASS

Jede Frau kann so schön sein wie vor zehn Jahren, nur dauert es ein bisschen länger.
— OLGA TSCHECHOWA

SCHÖPFER Ich bin bereit, meinem Schöpfer gegenüberzutreten. Ob mein Schöpfer ebenso bereit ist, diese Begegnung über sich ergehen zu lassen, ist eine andere Sache. — WINSTON CHURCHILL

SCHREIBEN Es gibt drei Gründe, Schriftsteller zu werden. 1. Du brauchst das Geld; 2. Du hast etwas zu sagen, das die Welt hören sollte; 3. Du weißt nicht, was du sonst an den langen Winterabenden machen sollst. — QUENTIN CRISP

Einige Verleger sind verhinderte Schriftsteller, aber das sind die meisten Schriftsteller auch.
— T. S. ELIOT

Schreiben ist leicht. Alles was du tun musst, ist, auf ein weißes Blatt Papier zu starren, bis Blutstropfen auf deine Stirn treten.
— GENE FOWLER

SCHREIBEN

Es gibt Schriftsteller, die schon in zwanzig Seiten ausdrücken können, wozu ich manchmal sogar zwei Zeilen brauche. — KARL KRAUS

Schreiben ist der einzige Beruf, mit dem man, ohne lächerlich zu wirken, kein Geld verdienen kann. — JULES RENARD

Wenn ich denken könnte, würde ich vielleicht nicht schreiben. — SCOTT SPENCER

SCHREIBEN

Sie müssen nicht glauben, dass ich nie versucht habe, mein Geld auf ehrliche Weise zu verdienen, nur weil ich ein Schriftsteller bin.

— GEORGE BERNARD SHAW

Ein Schriftsteller hat nichts mehr zu sagen, wenn er älter als vierzig ist. Wenn er klug ist, weiß er das zu verbergen.

— GEORGES SIMENON

SCHULDEN

Nur die Schulden, die man bezahlen kann, sind langweilig.

— FRANCIS PICABIA

SCHWANGER-SCHAFT

Wäre die Schwangerschaft ein Buch, würde man mindestens die letzten zwei Kapitel streichen.

— NORA EPHRON

Tod, Steuern und Schwangerschaft. Dafür gibt es nie einen günstigen Zeitpunkt.

— MARGARET MITCHELL

SCHWIEGER-MUTTER

Es ist schon das siebte Mal, dass meine Schwiegermutter Weihnachten zu Besuch kommt. Diesmal werden wir sie wohl hereinlassen.

— WOODY ALLEN

Die weibliche Seele ist für mich ein offenes Buch – geschrieben in einer unverständlichen Sprache. — EPHRAIM KISHON

SEELE

Jetzt, da ich über sechzig bin, werde ich langsam anständig. — SHELLEY WINTERS

SECHZIG

Ich verstehe nicht, warum sich die Männer über einen Seitensprung ihrer Frau aufregen. Sie sollten doch stolz darauf sein, dass ihre Frau auch noch anderen Männern gefällt. — MAUD BRINKLEY

SEITENSPRUNG

Frauen vor einem Seitensprung sind wie Maler vor einer Staffelei: ein Motiv findet sich immer. — PIERRE LACROIX

SELBST	Man darf sich selbst nicht zu ernst nehmen. — KARL LAGERFELD
SELBSTGESPRÄCH	Der Grund, warum ich zu mir selbst spreche ist, weil ich der einzige bin, dessen Antwort ich akzeptiere. — GEORGE CARLIN
SELBSTLIEBE	**Sich selbst zu lieben, ist der Beginn einer lebenslangen Liebesbeziehung.** — OSCAR WILDE
SELBSTKRITIK	Selbstkritik ist die Kunst, auf dem Teppich zu bleiben, obwohl das Parkett so schön glänzt. — PETER WECK
SELBSTMORD	Wenn alle Stricke reißen, häng' ich mich auf. — JOHANN NESTROY
SENILITÄT	Das Gute an der Senilität ist, dass sie einen selbst hindert, sie zu bemerken. — ALFRED POLGAR
SEX	Der einzige Grund, warum ich mit dem Joggen anfangen würde, ist, um mich mal wieder keuchen zu hören. — ERMA BOMBECK

SEX

Das letzte Mal war ich in einer Frau, als ich die Freiheitsstatue besucht habe. — WOODY ALLEN

Sex ist nur schmutzig, wenn er richtig gemacht wird. — WOODY ALLEN

Sex? Das ist der größte Spaß, den ich je gehabt habe, ohne zu lachen. — WOODY ALLEN

Sex ohne Eros ist ein Kontakt zweier Hautbesitzer. — MARGUERITE DURAS

Sex und Lust gehören den Frauen, wir Männer spüren oft nicht einmal, was damit gemeint ist. — FEDERICO FELLINI

Ich weiß leider gar nichts über Sex, weil ich immer verheiratet war. — ZSA ZSA GABOR

Mein Schatz, Sex hört erst auf, wenn du im Grab liegst. — LENA HORNE

Sexualität ist heute nur noch eine Sportart. — KARL LAGERFELD

SEX

Ich finde, Menschen sollten sexuelle Wahlfreiheit haben; allerdings sollten sie bei Ziegen eine Grenze ziehen. — ELTON JOHN

Sex ist per definitionem etwas, das man mit jemand anderem als dem Ehemann hat. — ERICA JONG

Warum machen wir es nicht gleich auf der Straße? — JOHN LENNON

Ich bevorzuge junge Männer. Sie wissen zwar nicht, was sie tun, aber sie tun es die ganze Nacht. — MADONNA

Sex ist meine Religion. — USCHI OBERMAIER

Wenn ich nicht regelmäßig am Flughafen auf Waffen untersucht werden würde, hätte ich überhaupt kein Sexualleben mehr. — OTTO WAALKES

Wenn ich gut bin, bin ich sehr gut, aber wenn ich schlecht bin, bin ich besser. — MAE WEST

Sex ist in Bewegung umgesetztes Gefühl.
— MAE WEST

SEX

Sex-Appeal ist zu fünfzig Prozent das, was eine Frau hat, und zu fünfzig Prozent das, wovon die Leute glauben, dass sie es hat.
— SOPHIA LOREN

SEX-APPEAL

Der Sex-Appeal des Mannes besteht aus Macht, Geld und einem herben Parfüm – in dieser Reihenfolge. — VIVIEN MELLISH

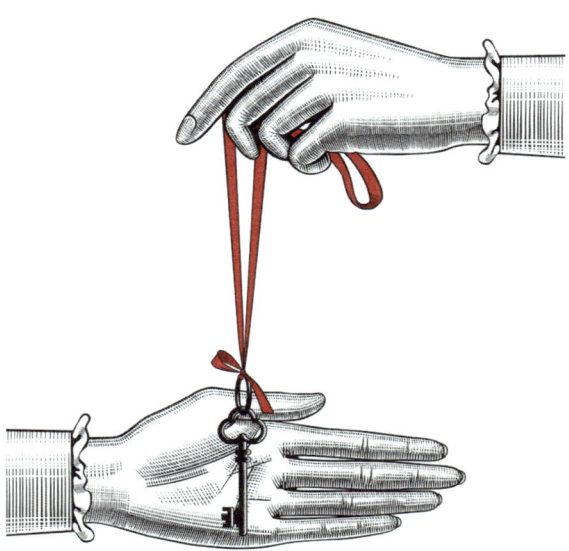

SEX-SYMBOL Ich habe nie wirklich begriffen, was es mit diesem Sex-Symbol-Gerede auf sich hat. Aber wenn ich schon Symbol für irgendwas sein soll, dann lieber für Sex als für etwas anderes.
— MARILYN MONROE

SMALLTALK Smalltalk ist die Kunst, an Wichtigeres zu denken, während man weniger Wichtiges sagt.
— DAVID LETTERMAN

SONNE Die Sonne geht im Osten auf, wandert entsetzt weiter, erträgt auch den Westen nicht und geht endgültig unter. — WERNER SCHNEYDER

SORGEN Sorgen ertrinken nicht in Alkohol, sie können schwimmen. — HEINZ RÜHMANN

SORGEN

Kleine Kinder, kleine Sorgen; große Kinder, große Sorgen.
— MARTIN LUTHER

SPAREN

Sparen ist der Versuch, sich an den eigenen Einkünften zu bereichern.
— WOLFRAM WEIDNER

SPARSAMKEIT

Weibliche Sparsamkeit kann eine Menge erreichen, aber sie kann ein kleines Einkommen nicht in ein großes verwandeln.
— JANE AUSTEN

SPORT

Das gemeinsame Kennzeichen aller Sportarten dürfte die Übertreibung sein.
— SIGMUND GRAFF

Würde Sport nicht viel mehr Spaß machen, wenn man die kleinen Kalorien schreien hört, während man sie verbrennt?
— BILL MURRAY

Sport ist, wenn man hinterher duscht.
— HELMUT PFLEGER

SPOTT   Je größer der Mann, desto leichter trifft ihn der Pfeil des Spottes. Zwerge sind schon schwerer zu treffen. — HEINRICH HEINE

STAAT   Der Staat ist eine Notordnung gegen das Chaos. — GUSTAV HEINEMANN

STAATSANWALT   Die Staatsanwälte? Die reagieren ihr Liebesleben im Gerichtssaal ab. — KURT TUCHOLSKY

STADT   Ich verlange von einer Stadt, in der ich leben soll: Asphalt, Straßenspülung, Haustorschlüssel, Luftheizung, Warmwasserleitung. Gemütlich bin ich selbst. — KARL KRAUS

STANDPUNKT   Man kann auf seinem Standpunkt stehen, aber man sollte nicht darauf sitzen. — ERICH KÄSTNER

STAR

Eine Berühmtheit ist ein Mensch, der sein ganzes Leben hart dafür arbeitet, überall bekannt zu werden – und dann eine Sonnenbrille trägt, um nicht erkannt zu werden. — FRED ALLEN

Es kann nicht jeder Schmidt heißen.
— HARALD SCHMIDT

Weltstars funktionieren als Bilder, als Menschen floppen sie meist. — ROGER WILLEMSEN

STELLUNG

Männer – man kann nicht mit ihnen leben, aber ohne sie funktionieren so viele Stellungen nicht. — PAMELA ANDERSON

STERBEN

Sterben kann gar nicht so schwer sein – bisher hat es noch jeder geschafft.
— NORMAN MAILER

STEUERN

Das Eintreiben von Steuern ist nichts anderes als Diebstahl. — THOMAS VON AQUIN

Nur die kleinen Leute zahlen Steuern.
— LEONA HELMSLEY

STEUERN

Nur die kleinen Leute zahlen Steuern.
— LEONA HELMSLEY

Um eine Einkommensteuererklärung abgeben zu können, muss man ein Philosoph sein. Für einen Mathematiker ist es zu schwierig.
— ALBERT EINSTEIN

Steuerzahler sind unfreiwillige Blutspender.
— MARCEL MARCEAU

Die Einkommensteuer hat mehr Menschen zu Lügnern gemacht als der Teufel.
WILLIAM ROGERS

Es gibt vielerlei Lärm, aber es gibt nur eine Stille. — KURT TUCHOLSKY

STILLE

Eine Frau macht es stolz, die Ursache einer Dummheit zu sein, zu der ein Mann sich hinreißen lässt.
— GABRIELLE SIDONIE COLETTE

STOLZ

Es hat keinen Sinn, mit Männern zu streiten; sie haben ja doch immer unrecht. — ZSA ZSA GABOR

STREIT

Unter »Sünde« verstehen die meisten heute einen Verstoß gegen den Diätplan. — EUGEN DREWERMANN

SÜNDE

Ich verlange von Leuten nicht, dass sie mir angenehm sind, weil es mich vor dem Problem bewahrt, sie zu mögen. — JANE AUSTEN

SYMPATHIE

Menschen, die dir ihre Sympathie bekunden, wenn du in Schwierigkeiten bist, wollen die Details wissen. — EDGAR WATSON HOWE

TAGEBUCH   Ich sage immer: Führ ein Tagebuch, und eines Tages wird es dich führen. — MAE WEST

Ich reise nie ohne mein Tagebuch. Man sollte im Zug immer etwas Aufregendes zum Lesen haben. — OSCAR WILDE

TAILLE   Die Taille ist die merkwürdigste Linie des Menschen, sie halbiert nicht nur jedes einzelne Individuum, nein, sie teilt auch das ganze schöne Geschlecht in zwei Teile, nämlich in solche, welche eine Taille haben, und in solche, welchen der Schneider erst eine machen muss. — JOHANN NESTROY

TAKT   Takt ist die Fähigkeit, einem anderen auf die Beine zu helfen, ohne ihm dabei auf die Zehen zu treten. — CURT GOETZ

Takt ist die Fähigkeit, andere so darzustellen, wie sie sich selber gerne sehen.

— ABRAHAM LINCOLN

TAKT

Ich habe fünfzehn Jahre gebraucht, um zu entdecken, dass ich kein Talent zum Schreiben habe, aber ich konnte nicht aufhören, weil ich da schon zu berühmt war.

— ROBERT BENCHLEY

TALENT

Talent ist oft ein Charakterdefekt.

— KARL KRAUS

Eine Talkshow ist wie ein Besuch am FKK-Strand – man sieht alles, aber es ist vollkommen uninteressant.

— BODO KIRCHHOFF

TALKSHOW

Kluge Männer sollten niemals tanzen, denn dabei haben die Mädchen Gelegenheit, wieder nüchtern zu werden.

— LIL DAGOVER

TANZ

Tanzen ist der vertikale Ausdruck eines horizontalen Bedürfnisses.

— GEORGE BERNARD SHAW

TAPFERKEIT Tapferkeit ist ein Anfall, der bei den meisten Menschen schnell vorübergeht.
— MARK TWAIN

TABU Die Halbwüchsigen von heute, heißt es, wissen alles über Sex, das Geld hingegen kommt ihrer Meinung nach vom lieben Gott. So ändern sich die Tabus. — KATHARINE WHITEHORN

TATSACHE Man muss die Tatsachen kennen, bevor man sie verdrehen kann. — MARK TWAIN

TELEFONIEREN **Telefonieren ist eine gute Möglichkeit, mit Leuten zu reden, ohne ihnen einen Drink anbieten zu müssen.** — FRAN LEBOWITZ

TEMPERAMENT In solchen Häusern, wo man viel Geld und viel Temperament hat und sich liebt und hasst und gelegentlich sich zankt und scheiden lassen will – ist es immer am nettesten.
— THEODOR FONTANE

THEATER Die meisten Kranken gehen zum Arzt, nur die Erkälteten gehen ins Theater.
— GÜNTER STRACK

THEATER

Gehen Sie ins Theater, solange es noch mit Th geschrieben wird. — UNBEKANNT

THEORIE

Die Theorie ist eine Vermutung mit Hochschulbildung. — JIMMY CARTER

Theorie ist das, was man nicht versteht. Praxis ist das, was man nicht erklären kann. — ALFRED ODER

THERAPEUT

Ich gebe meinem Therapeuten noch ein Jahr, dann fahre ich nach Lourdes. — WOODY ALLEN

TRAUMFRAU

Ich gewöhnte mir beizeiten ab, nach der Traumfrau zu suchen. Ich wollte nur eine, die kein Albtraum war.

— CHARLES BUKOWSKI

TOD

Ich glaube an den Sex und an den Tod – zwei Erfahrungen, die man nur einmal im Leben macht. — WOODY ALLEN

Ich habe keine Angst vor dem Sterben. Ich möchte bloß nicht dabeisein, wenn es passiert.

— WOODY ALLEN

Es gibt schlimmere Dinge im Leben als den Tod. Oder haben Sie noch nie einen Abend mit einem Versicherungsvertreter durchstehen müssen? — WOODY ALLEN

Wir trafen Dr. Hall in einem Zustand solch tiefer Trauer an, dass entweder seine Mutter, seine Frau oder er selbst tot sein musste.

— JANE AUSTEN

Es gibt mehr tote als lebendige Menschen, und es werden beständig weniger.

— EUGÈNE IONESCO

Entweder der Mann ist tot, oder meine Uhr ist stehengeblieben. — GROUCHO MARX

TOD

Tod, Steuern und Geburt – nichts davon kommt je zum richtigen Zeitpunkt. — MARGARET MITCHELL

Der Gedanke an den Tod ist mittlerweile ein Teil meines Lebens. Jeden Tag lese ich die Todesanzeigen, nur um mich dran zu freuen, dass mein Name nicht dabei ist. — NEIL SIMON

Toleranz ist das unbehagliche Gefühl, der andere könne am Ende vielleicht doch recht haben. — ROBERT FROST

TOLERANZ

TOLERANZ   Toleranz lernt man am besten in der Ehe. Unverheiratete Politiker haben davon keine Ahnung. — MARGARET THATCHER

TRADITION   Beim erstenmal spricht man von Zufall, beim zweiten von Statistik, beim drittenmal von Tradition. — KURT BIEDENKOPF

TRAUM   Wer im Dunklen sitzt, zündet sich einen Traum an. — NELLY SACHS

TRENNUNG   Trenne dich nie von deinen Illusionen und Träumen. Wenn sie verschwunden sind, wirst du weiter existieren, aber aufgehört haben, zu leben. — MARK TWAIN

TREUE

Für die partnerschaftliche Beziehung gibt es einen einfachen Test: Wenn einem die Treue Spaß macht, dann ist es Liebe.
— JULIE ANDREWS

Die sogenannte Treue ist oft nichts als Phantasielosigkeit. — ARNOLD MENDELSSOHN

Unter Treue verstehen die meisten Männer den Zeitraum zwischen zwei Seitensprüngen.
— SYDNE ROME

Treue ist Feigheit vor dem Leben.
— EVA ZELLER

TRINKEN

Ich trinke, damit die anderen Leute interessanter werden. — GEORGE JEAN NATHAN

Ich trinke, folglich bin ich. — FRANZ WERFEL

Egal wie das Wetter ist, ich sage immer: Raus aus den nassen Klamotten und rein in 'nen trockenen Martini. — BILLY WILDER

TÜR Es gibt zwei Wörter, die dir im Leben viele Türen öffnen werden: ziehen und drücken.
— UNBEKANNT

TUGEND Mir sind die liebenswürdigen Fehler angenehmer als die unausstehlichen Tugenden.
— WINSTON CHURCHILL

So mancher meint ein gutes Herz zu haben und hat nur schwache Nerven.
— MARIE VON EBNER-ESCHENBACH

Ich habe die Erfahrung gemacht, dass Leute ohne Schwächen auch Leute ohne Tugenden sind.
— ABRAHAM LINCOLN

ÜBEL	Von zwei Übeln sollte man grundsätzlich das hübschere wählen. — WARREN BEATTY
ÜBERHEBLICHKEIT	Wie dumm ist es, sich zu überheben; hinterm Berge wohnen auch immer Leute. — THEODOR FONTANE
ÜBERHOLEN	Man kann niemanden überholen, wenn man in seine Fußstapfen tritt. — FRANÇOIS TRUFFAUT
ÜBERZEUGEN	Männer kann man überreden, Frauen muss man überzeugen. — BARBRA STREISAND

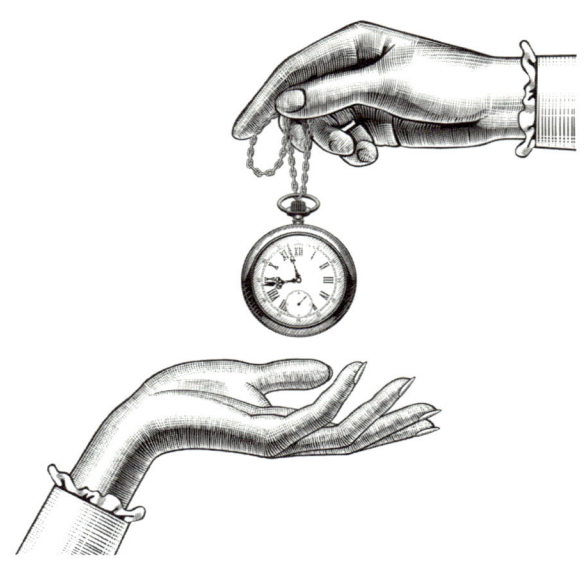

ÜBERZEUGEN

Die schwerste Aufgabe im Leben einer Frau ist es, den Mann davon zu überzeugen, dass er es ernst meint. — HELEN ROWLAND

UHR

Auch eine kaputte Uhr geht zwei Mal am Tag richtig. — UNBEKANNT

UNBESTÄNDIGKEIT

Nichts auf der Welt ist beständig außer der Unbeständigkeit. — JONATHAN SWIFT

UNENDLICHKEIT

Zwei Dinge sind unendlich: das Universum und die menschliche Dummheit. Aber beim Universum bin ich mir nicht ganz sicher. — ALBERT EINSTEIN

UNGERECHT

Die Männer sind ungerecht: Sie sehen immer nur den Baum, gegen den eine Frau gefahren ist – aber die vielen Bäume, die sie nicht einmal gestreift hat, die sehen sie nicht. — LISA GASTONI

UNGLÜCK

Es ist ein großes Unglück, wenn man weder genug Geist hat, um zu reden, noch genug Urteilskraft, um zu schweigen. — JEAN DE LA BRUYÈRE

UNIVERSUM Mich erstaunen Menschen, die das Universum begreifen wollen, wo es doch schon schwierig genug ist, sich in Chinatown zurechtzufinden.
— WOODY ALLEN

UNMORAL Wenn ich mich zwischen zwei Schlechtigkeiten entscheiden muss, dann begehe ich die, die ich vorher noch nie ausprobiert habe.
— MAE WEST

Unmoral ist die Moral derer, die sich amüsieren. — HENRY LOUIS MENCKEN

UNORDNUNG Ordnung ist die Lust der Vernunft, aber Unordnung ist die Wonne der Phantasie.
— PAUL CLAUDEL

UNSTERBLICHKEIT Ich will Unsterblichkeit nicht durch mein Werk erreichen. Ich will sie erreichen, indem ich nicht sterbe. — WOODY ALLEN

Viele Menschen sehnen sich nach Unsterblichkeit. Dabei wissen sie nicht einmal, was sie an einem verregneten Sonntagnachmittag mit sich anfangen sollen. — SUSAN ERTZ

Meine liebste Unterhaltung am Samstagabend ist es, im Sessel zu sitzen und darauf zu warten, welches Bein zuerst einschläft. — BOB HOPE

UNTERHALTUNG

Eine Klatschbase erzählt Ihnen von anderen, ein Langweiler spricht nur über sich selbst, und ein brillanter Unterhalter redet mit Ihnen über Sie. — LISA KIRK

Die selbstsichere Frau verwischt nicht den Unterschied zwischen Mann und Frau – sie betont ihn. — COCO CHANEL

UNTERSCHIED

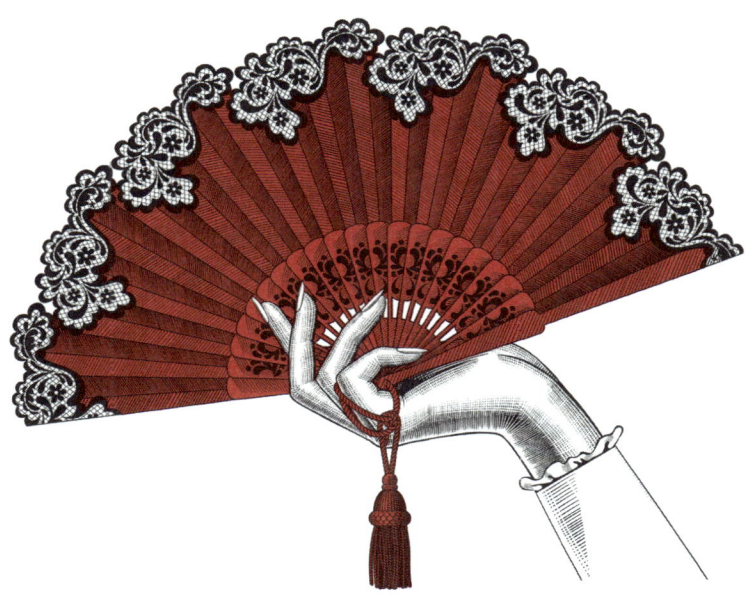

UNTERSCHIED Abgesehen von den Geschlechtsorganen, den sekundären Geschlechtsmerkmalen und den Eigenheiten des Orgasmus gibt es keine wirklichen Unterschiede zwischen Mann und Frau.
— KATE MILLETT

UNVERNUNFT Es besteht ein großer Unterschied zwischen einem wilden und einem zivilisierten Mann, aber bis nach dem Frühstück fällt einer Frau das nicht auf. — HELEN ROWLAND

UNVERSTÄNDLICHKEIT Unverständlichkeit ist noch lange kein Beweis für tiefe Gedanken. — MARCEL REICH-RANICKI

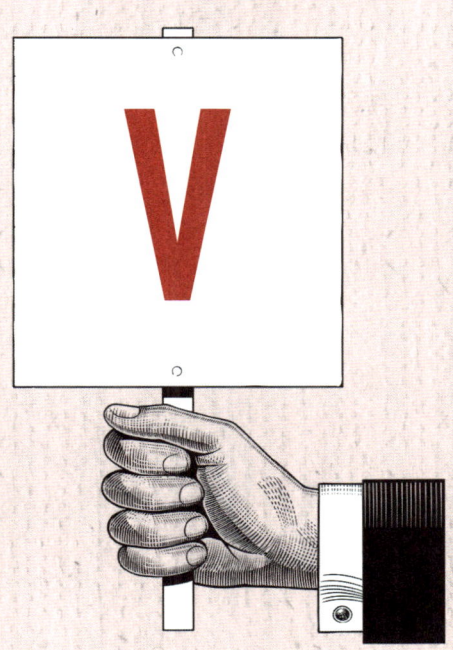

VATER   Der grundlegende Fehler von Vätern besteht darin, von ihren Kindern zu erwarten, dass sie ihnen Ehre machen. — BERTRAND RUSSELL

Kein Mensch ist für seinen Vater verantwortlich. Das ist einzig und allein Sache der Mutter. — MARGARET TURNBULL

Als ich ein Junge von vierzehn war, verhielt sich mein Vater so überheblich, dass ich es kaum aushalten konnte, mit ihm zusammenzusein. Als ich einundzwanzig wurde, war ich doch erstaunt, was der alte Mann in sieben Jahren dazugelernt hatte. — MARK TWAIN

VEGETARIER   Auch die besessensten Vegetarier beißen nicht gern ins Gras. — JOACHIM RINGELNATZ

VERHEIRATET   Wenn ein verheirateter Mann, der sich in Modefragen bisher von seiner Frau beraten ließ, seine Sachen plötzlich selbst kauft, ist das äußerst verdächtig. — VIVIEN LEIGH

VEREHRUNG   Verehrung ist tiefgekühlte Liebe. — FRANÇOISE SAGAN

Es ist oft schwierig, Verführung von Vergewaltigung zu unterscheiden. Bei der Verführung macht sich der Vergewaltiger die Mühe, vorher eine Flasche Wein zu kaufen.

— ANDREA DWORKIN

VERFÜHRUNG

Es hätte nicht des Apfels bedurft, Adam zu verführen. Eva allein schon genügte.

— MARIANNE LANGEWIESCHE

Das größte Vergnügen im Leben besteht darin, das zu tun, von dem die Leute sagen, du könntest es nicht. — WALTER BAGEHOT

VERGNÜGEN

Das Vergnügen ist wie eine Lebensversicherung: Je älter man ist, desto teurer wird es.

— KIM HUBBARD

VERGNÜGEN Das Vergnügen wäre unvollkommen ohne jene, die darüber meckern. — PETER SELLERS

Ein kurzer Satz zu oraler Verhütung: Ich fragte ein Mädchen, ob sie mit mir ins Bett gehen wolle; sie sagte: »Nein«. — WOODY ALLEN

VERHÜTUNG Autoverkäufer verkaufen Autos, Versicherungsvertreter Versicherungen, und Volksvertreter? — STANISLAW JERZY LEC

VERKAUFEN **Mancher findet sein Herz nicht eher, bis er seinen Kopf verliert.** — FRIEDRICH NIETZSCHE

VERLIEREN Wenn der Mensch verliebt ist, zeigt er sich so, wie er immer sein sollte. — SIMONE DE BEAUVOIR

VERLIEBTHEIT Wenn Sie über zwei Jahre verliebt sein können, sind Sie abhängig. — FRAN LEBOWITZ

Wenn man verliebt ist, ist jedes Wetter wunderbar. — MARGARET MILLAR

Verliebte Frauen haben die Gabe, Worte zu hören, die gar nicht gesagt worden sind.
— ISA MIRANDA

VERLIEBTHEIT

Um sich zu verlieben, muss man gerade anfällig dafür sein – wie bei einer Krankheit.
— NANCY MITFORD

Ich könnte ihm im Unterhemd um die ganze Welt folgen.
— MARIA STUART

Von der Verliebtheit nichts zu bekommen, ist immer noch hübscher, als mit einer anderen zu schlafen!
— KURT TUCHOLSKY

Es ist eine allgemein anerkannte Tatsache, dass ein alleinstehender Mann im Besitz eines ansehnlichen Vermögens nichts dringender bedarf als einer Frau.
— JANE AUSTEN

VERMÖGEN

VERNUNFT Kein Mann ist imstande, die weibliche Vernunft zu begreifen. Deshalb gilt sie als Unvernunft.
— ELEONORA DUSE

VERSCHIEBEN Verschiebe nicht auf morgen, was genauso gut auf übermorgen verschoben werden kann.
— MARK TWAIN

VERSPÄTUNG **Wenn er zu spät zum Abendessen kommt, weiß ich, dass er entweder eine Affäre hat oder tot auf der Straße liegt. Ich hoffe immer, dass es die Straße ist.**
— JESSICA TANDY

VERSTAND Jedermann klagt über sein schlechtes Gedächtnis und niemand über seinen schlechten Verstand.
— FRANÇOIS LA ROCHEFOUCAULD

Wer über gewisse Dinge den Verstand nicht verliert, der hat keinen zu verlieren.
— GOTTHOLD EPHRAIM LESSING

Es gibt zwei Perioden, in denen ein Mann eine Frau nicht versteht: vor der Hochzeit und nach der Hochzeit.
— ROBERT LEMBKE

Ein Mann fühlt sich erst dann von einer Frau verstanden, wenn sie ihn bewundert.

— KIM NOVAK

VERSTEHEN

Eine Frau braucht nur einen Mann gut zu kennen, um alle Männer zu verstehen, während ein Mann alle Frauen kennen könnte und nicht eine von ihnen verstehen würde.

— HELEN ROWLAND

Eine Versuchung ist dazu da, dass man ihr nachgibt. — MADONNA

VERSUCHUNG

Führe mich nicht in Versuchung. Ich finde den Weg allein. — RITA MAE BROWN

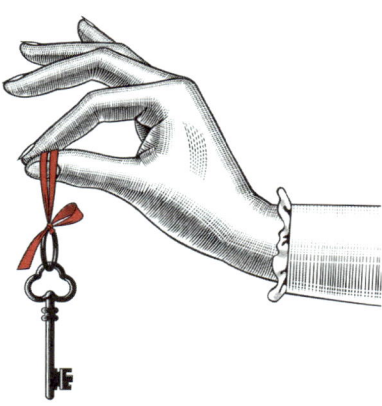

VERSUCHUNG   Versuchungen sind wie Vagabunden: Wenn man sie freundlich behandelt, kommen sie wieder und bringen andere mit. — MARK TWAIN

Versuchungen sollte man nachgeben. Wer weiß, ob sie wiederkommen. — OSCAR WILDE

Ich kann allem widerstehen, außer der Versuchung. — OSCAR WILDE

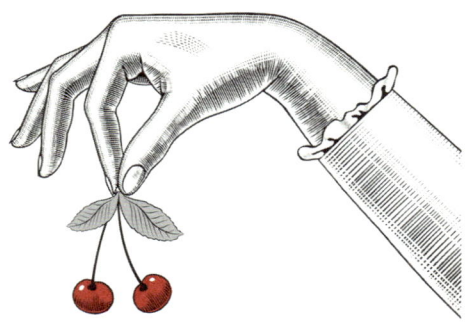

VERTRAG   Verträge werden von Juristen für Juristen gemacht, damit die Laien merken, dass man ohne Juristen nicht auskommt. — JEAN PAUL GETTY

VERWÖHNUNG   Es besteht keine Gefahr, zu verwöhnt zu sein, so lange man seine Wäsche selber bügelt. — MERYL STREEP

VERZEIHEN

Wenn eine Frau ihrem Mann einmal verziehen hat, darf sie ihm seine Sünden nicht immer wieder zum Frühstück aufgewärmt servieren.
— MARLENE DIETRICH

VORBEREITUNG

Ich hab nichts vorbereitet ... damit auch nichts schiefgehen kann.
— HELGE SCHNEIDER

VORGESETZTE

Vorgesetzte sind Menschen, die sich um mehrere Stunden verspäten können, ohne dass man sie vermisst.
— JERRY LEWIS

Wenn man einen Menschen richtig beurteilen will, so frage man sich immer: »Möchtest du den zum Vorgesetzten haben?«
— KURT TUCHOLSKY

VORTRAG

Die meisten Menschen sind von einem Vortrag nach zehn Minuten gelangweilt; pfiffige schaffen es in fünf. Und vernünftige Leute gehen überhaupt nicht hin.
— STEPHAN LEACOCK

VORURTEIL

Wer nicht gerne denkt, sollte wenigstens von Zeit zu Zeit seine Vorurteile neu gruppieren.
— LUTHER BURBANK

VORURTEIL

Die Deutschen sind verblüfft, wenn sie mit Humor konfrontiert werden; die Schweizer wissen nicht, was Spaß ist; die Spanier meinen, es sei nichts Albernes dabei, um Mitternacht zu Abend zu essen, und die Italiener hätte man niemals mit der Erfindung des Automobils vertraut machen sollen. — BILL BRYSON

Es ist leichter, einen Atomkern zu spalten als ein Vorurteil. — ALBERT EINSTEIN

Was wir bei uns Grundsätze nennen, nennen wir bei anderen Vorurteile. — FRITZ MULIAR

Vorurteile sterben ganz langsam, und man kann nie sicher sein, dass sie wirklich tot sind. — JULES ROMAINS

WAGNIS Nicht weil es schwer ist, wagen wir es nicht, sondern weil wir es nicht wagen, ist es schwer.
— LUCIUS ANNAEUS SENECA

Du bist, was du wagst.
— XAVIERA HOLLANDER

WAHL **Wenn man die Wahl hat zwischen Austern und Champagner, so pflegt man sich in der Regel für Beides zu entscheiden.**
— THEODOR FONTANE

Wenn eine Frau die Wahl zwischen einem Pelzmantel und einem Geliebten hat, wählt sie den Pelzmantel aus der Hand des Geliebten.
— JEANNE MOREAU

WAHL

Es ist immer etwas Wahnsinn in der Liebe. Es ist immer etwas Vernunft im Wahnsinn.
— FRIEDRICH NIETZSCHE

WAHNSINN

Man sollte die Wahrheit nicht mit der Mehrheit verwechseln. — JEAN COCTEAU

WAHRHEIT

Nichts wird so leicht für Übertreibung gehalten wie die Schilderung der reinen Wahrheit.
— JOSEPH CONRAD

Mir ist egal, was über mich geschrieben wird, solange es nicht die Wahrheit ist.
— DOROTHY PARKER

Wahrheitsliebe ist die seltenste aller amourösen Bindungen. — ALFRED POLGAR

Wahrheit ist das Kostbarste, was wir haben. Gehen wir sparsam damit um! — MARK TWAIN

WAHRHEIT Die Hauptschwierigkeit, Kindern die Wahrheit zu sagen, liegt darin, dass wir alle uns selbst nicht die Wahrheit sagen.
— ALEXANDER SUTHERLAND NEILL

Wenn man die Wahrheit sagt, kann man sicher sein, früher oder später ertappt zu werden.
— OSCAR WILDE

Die Wahrheit ist nicht gerade das, was man einem hübschen süßen gebildeten Mädchen erzählt.
— OSCAR WILDE

WARTEN Ein Mädchen kann warten, bis der Richtige kommt. Aber bis dahin kann sie trotzdem eine wundervolle Zeit mit all den Falschen haben.
— CHER

Alles, was zu besitzen sich lohnt, lohnt auch, dass man darauf wartet.
— MARILYN MONROE

WASSER Wasser, in Maßen genossen, kann niemand schädigen.
— MARK TWAIN

WEIBLICHKEIT

Das Ewig-Weibliche zieht uns hinan.
— JOHANN WOLFGANG VON GOETHE

Das Ewig-Weibliche zieht uns hinab.
— FRIEDRICH NIETZSCHE

Weiblichkeit ist die Eigenschaft, die ich an Frauen am meisten schätze. — OSCAR WILDE

WELT

Die Welt ist ein Gefängnis, in dem Einzelhaft vorzuziehen ist. — KARL KRAUS

Wie sich der kleine Moritz die Weltgeschichte vorstellt – genau so ist sie. — ANTON KUH

Die Welt ist wie ein betrunkener Bauer; hebt man ihn auf der einen Seite in den Sattel, fällt er zur anderen wieder herab. Man kann ihr nicht helfen, man stelle sich, wie man wolle. Also will die Welt auch des Teufels sein.
— MARTIN LUTHER

WERBUNG

Fünfzig Prozent bei der Werbung sind immer rausgeworfen. Man weiß bloß nicht, welche Hälfte das ist. — HENRY FORD

WERBUNG   Werbung lässt sich als die Wissenschaft beschreiben, die menschliche Intelligenz so lange einzusperren, bis man Geld von ihr erhält.
— STEPHEN LEACOCK

WETTER   Was für ein furchtbar heißes Wetter wir haben! Es versetzt mich in einen beständig uneleganten Zustand.
— JANE AUSTEN

Wetter: Unerschöpfliches Thema. Allgemeine Ursache von Krankheiten. Ständig darüber schimpfen.
— GUSTAVE FLAUBERT

WHISKY   Whisky ist gut gegen Schlangenbisse, darum sollte er in keinem Schlafzimmer fehlen.
— BRENDAN BEHAN

WIDERSPRUCH   Ein kluger Mann widerspricht nie einer Frau, Er wartet, bis sie es selbst tut.
— HUMPHREY BOGART

Der Widerstand einer Frau ist nicht immer ein Beweis ihrer Tugend. Oft ist er ein Beweis ihrer Erfahrung.
— NINON DE LENCLOS

Der Widerstand verschafft der Liebe immer kräftigere Waffen. —— GEORGE SAND

WIDERSTAND

Viele Frauen wissen nicht, was sie wollen, aber sie sind fest entschlossen, es zu bekommen. —— PETER USTINOV

WILLE

Was ich gelernt habe, das weiß ich schon nicht mehr. Das wenige, was ich noch weiß, habe ich erraten. —— NICOLAS CHAMFORT

WISSEN

Wer nichts weiß, muss alles glauben.
—— MARIE VON EBNER-ESCHENBACH

Viel Wissen bedeutet noch nicht Verstand. —— HERAKLIT

Ich weiß, dass ich nichts weiß. —— SOKRATES

WITWE Es ist schon möglich, dass man im Laufe der Zeit an mehrere falsche Frauen gerät. Bei der Wahl seiner Witwe sollte man aber keinen Fehler mehr machen. —— SASCHA GUITRY

WOHLSTAND Wohlstand ist meist schwer erträglich – der anderer Leute, meine ich. —— MARK TWAIN

WORTE Schwach ist die Liebe, die sich noch in Worten ausdrücken lässt. —— DANTE ALIGHIERI

Wer Worte macht, tut wenig. —— WILLIAM SHAKESPEARE

WÜNSCHE Wenn du einen Menschen glücklich machen willst, dann füge nichts seinen Reichtümern hinzu, sondern nimm ihm einige von seinen Wünschen. —— EPIKUR VON SAMOS

WUNDER Wer glaubt schon an Wunder? Doch alle warten darauf. —— STANISLAW JERZY LEC

Ich glaube nicht an Wunder. Ich habe ihrer zu viele gesehen. —— OSCAR WILDE

ZÄHNE Die Männer sind wie Zähne: Es dauert lange, bis man sie bekommt. Und wenn man sie hat, tun sie einem weh. Und wenn sie nicht mehr da sind, hinterlassen sie eine Lücke.
— FRANÇOISE ROSAY

ZÄRTLICHKEIT Wenn eine Frau die Zärtlichkeit rationiert, geht der Mann auf den schwarzen Markt.
— SENTA BERGER

Zärtlichkeit ist hautnahe Verehrung.
— JEAN-PAUL BELMONDO

ZAHNARZT Ein Zahnarzt ist ein Mensch, der von der Hand in den Mund lebt. — ROBERT LEMBKE

ZANK Zank ist Rauch der Liebe. — LUDWIG BÖRNE

ZEIT **Wenn die Zeit kommt, in der man könnte, ist die vorüber, in der man kann.**
— MARIE VON EBNER-ESCHENBACH

Ich habe nicht die Zeit, mich jeden Tag zu schminken. Ich brauche die Zeit, um mein Gewehr zu reinigen. — HENRIETTE MANTEL

Zeit ist, was passiert, wenn sonst nichts passiert.   — RICHARD FLYNMAN

ZEIT

Zeit haben nur diejenigen, die es zu nichts gebracht haben. Und damit haben sie es weitergebracht als alle anderen.
  — GIOVANNI GUARESCHI

Die Leute, die niemals Zeit haben, tun am wenigsten.   — GEORG CHRISTOPH LICHTENBERG

Man vertut die meiste Zeit damit, dass man Zeit gewinnen will.   — JOHN STEINBECK

Eine Zeitung hat auch etwas Gutes: Man sieht den Kopf des Ehemannes beim Frühstück nicht.
  — DANIELLE MICHAUX

ZEITUNG

ZIEL

Männer verirren sich nicht, sie entdecken nur neue Ziele. — ANKE ENGELKE

Es ist das Ziel jeder Frau, den Mann zu dem zu machen, was er vor der Hochzeit zu sein behauptet hatte. — MICHELINE PRESLE

Gegen Zielsetzungen ist nichts einzuwenden, sofern man sich dadurch nicht von interessanten Umwegen abhalten lässt. — MARK TWAIN

Ein Ziel ist ein Wunsch mit Datum. — UNBEKANNT

ZIELEN

Manche Menschen drücken nur deshalb ein Auge zu, um besser zielen zu können. — BILLY WILDER

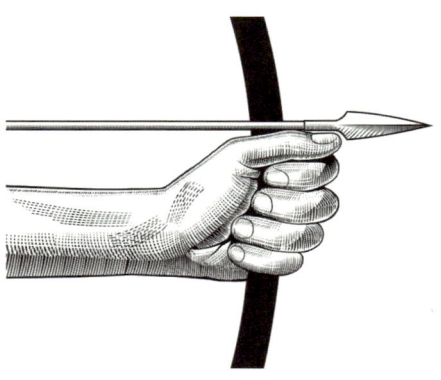

ZIGARETTE

Eine Zigarette ist das vollendete Beispiel eines vollendeten Genusses. Sie ist köstlich und lässt einen unbefriedigt. — OSCAR WILDE

ZIGARRE

Eine Frau ist nur eine Frau, aber eine gute Zigarre kann man rauchen. — RUDYARD KIPLING

ZITAT

Ich zitiere mich gerne selber. Das gibt meiner Konversation die Würze. — GEORGE BERNARD SHAW

ZORN

Zorn regt den Kreislauf an; daher ist es gesund, sich von Zeit zu Zeit hineinzusteigern. — GUSTAVE FLAUBERT

ZUFALL

Kein Sieger glaubt an den Zufall. — FRIEDRICH NIETZSCHE

Zufall ist, wenn Gott inkognito reist. — MICHEL TOURNIER

ZUHÖREN

Wenn ein Mann will, dass ihm seine Frau zuhört, braucht er nur mit einer anderen zu reden. — LIZA MINNELLI

ZUKUNFT   Ich denke nie an die Zukunft. Die kommt noch früh genug. — ALBERT EINSTEIN

Früher hatten die Menschen Angst vor der Zukunft. Heute muss die Zukunft Angst vor den Menschen haben. — WERNER MITSCH

Über die Zukunft zu reden, ist der beste Vorwand, sich vor der Gegenwart zu drücken. — MARK TWAIN

Die Zukunft ist auch nicht mehr das, was sie mal war. — UNBEKANNT

ZUNEHMEN   Ich brauche nur Fettgedrucktes zu lesen, schon nehme ich zu. — HEINZ ERHARDT

ZWEIFEL   Ich stelle nichts in Abrede, bezweifle jedoch alles. — LORD BYRON

ISBN 978-3-85179-432-8

Alle Rechte vorbehalten.

Copyright © 2018 by Thiele Verlag
in der Thiele & Brandstätter Verlag GmbH

Gesamtgestaltung und Satz:
Christina Krutz, Biebesheim am Rhein,
Illustrationen: Maisei Raman/Shutterstock.com
Druck und Einband: Theiss, St. Stefan im Lavanttal

www.thiele-verlag.com